I0013804

Le routage intelligent dans les réseaux mobiles ad hoc

Salim Bitam

Le routage intelligent dans les réseaux mobiles ad hoc

Inspiration de la communication des abeilles

Éditions universitaires européennes

Mentions légales / Imprint (applicable pour l'Allemagne seulement / only for Germany)
Information bibliographique publiée par la Deutsche Nationalbibliothek: La Deutsche Nationalbibliothek inscrit cette publication à la Deutsche Nationalbibliografie; des données bibliographiques détaillées sont disponibles sur internet à l'adresse http://dnb.d-nb.de.
Toutes marques et noms de produits mentionnés dans ce livre demeurent sous la protection des marques, des marques déposées et des brevets, et sont des marques ou des marques déposées de leurs détenteurs respectifs. L'utilisation des marques, noms de produits, noms communs, noms commerciaux, descriptions de produits, etc, même sans qu'ils soient mentionnés de façon particulière dans ce livre ne signifie en aucune façon que ces noms peuvent être utilisés sans restriction à l'égard de la législation pour la protection des marques et des marques déposées et pourraient donc être utilisés par quiconque.

Photo de la couverture: www.ingimage.com

Editeur: Éditions universitaires européennes est une marque déposée de
Südwestdeutscher Verlag für Hochschulschriften GmbH & Co. KG
Heinrich-Böcking-Str. 6-8, 66121 Sarrebruck, Allemagne
Téléphone +49 681 37 20 271-1, Fax +49 681 37 20 271-0
Email: info@editions-ue.com

Agréé par: Biskra, Université de Biskra, 2011

Produit en Allemagne:
Schaltungsdienst Lange o.H.G., Berlin
Books on Demand GmbH, Norderstedt
Reha GmbH, Saarbrücken
Amazon Distribution GmbH, Leipzig
ISBN: 978-3-8417-8991-4

Imprint (only for USA, GB)
Bibliographic information published by the Deutsche Nationalbibliothek: The Deutsche Nationalbibliothek lists this publication in the Deutsche Nationalbibliografie; detailed bibliographic data are available in the Internet at http://dnb.d-nb.de.
Any brand names and product names mentioned in this book are subject to trademark, brand or patent protection and are trademarks or registered trademarks of their respective holders. The use of brand names, product names, common names, trade names, product descriptions etc. even without a particular marking in this works is in no way to be construed to mean that such names may be regarded as unrestricted in respect of trademark and brand protection legislation and could thus be used by anyone.

Cover image: www.ingimage.com

Publisher: Éditions universitaires européennes is an imprint of the publishing house
Südwestdeutscher Verlag für Hochschulschriften GmbH & Co. KG
Heinrich-Böcking-Str. 6-8, 66121 Saarbrücken, Germany
Phone +49 681 3720-310, Fax +49 681 3720-3109
Email: info@editions-ue.com

Printed in the U.S.A.
Printed in the U.K. by (see last page)
ISBN: 978-3-8417-8991-4

Préface

Ce livre représente la publication de la thèse de doctorat en sciences en informatique présentée et soutenue par Mr. Salim BITAM le 25 janvier 2011 à l'université de Biskra en Algérie devant le jury composé du : Pr. Noureddine DJEDI (Président) de l'université de Biskra (Algérie), Pr. Mohamed BATOUCHE (Rapporteur) de l'université de Constantine (Algérie), Pr. Mohamed BENMOHAMED (Examinateur) de l'université de Constantine (Algérie), Pr. Salim CHIKHI (Examinateur) de l'université de Constantine (Algérie) et Dr. Foudil CHERIF de l'université de Biskra (Algérie). Après la soutenance et les délibérations, le jury a décerné le titre de docteur en sciences en informatique à Mr. Salim BITAM avec la mention très honorable.

À la plus belle des rosières ma fille Nada, à ma charmante maman Yasmina, à ma très chère épouse Afaf, et à mon adorable frère Mehdi que je les souhaite une longue vie...

Table des matières

Table des figures et des tableaux

Introduction générale

Introduction générale

L'étude des systèmes complexes est un nouvel axe de recherche dans la science. Il a pour but l'étude de la manière et la façon par laquelle les parties d'un système permettent l'émergence d'un comportement collectif et global imprévu et inattendu du système entier. Il est donc, un système composé d'un ensemble d'éléments (niveau microscopique) homogènes ou hétérogènes, interagissant entre eux de façon non linéaire (interactions rétroactives), mettant ainsi en œuvre une dynamique permettant à l'ensemble du système d'exister comme un tout, différent de la simple somme de ses composants [Has03].

On dit que tout système réel est un système complexe d'après sa nature. Par conséquent, on cite quelques exemples de systèmes complexes qui apparaissent dans notre vie courante et réelle. Dans la société et pour les sciences sociales, un système social qui est formé d'une population quelconque est caractérisé par un ensemble de comportements sociaux tels que les rassemblements (religieux, ethniques, professionnels etc.), les traditions (fêtes, habillage etc.), les rencontres, les habitudes etc.

On remarque que pour le phénomène des rassemblements sociaux à titre d'exemple, les individus (les parties du système) de la population (le système entier) s'interagissent entre eux c'est-à-dire ils se communiquent entre eux, ils se coopèrent, ils négocient leurs besoins etc. et après certain temps, on remarque que la société s'organise d'une façon extraordinaire et uniforme sans aucune administration globale ni aucune orientation. Ceci mène vers la constitution de groupes sociaux et de groupes sous sociaux selon des critères différents : religieux, familiales, ethniques, professionnels etc.

Les systèmes complexes ici font l'étude de l'émergence de ce comportement final et global du système (la société) qui est imprévu, inattendu et complexe parce qu'il se base sur les comportements partiaux des parties (les individus) et il est basé aussi sur les interactions de ces individus entre eux d'une part, et entre les individus et leur environnement de l'autre part. On précise que la connaissance de la cause (l'entrée) n'est pas suffisante pour déterminer de manière unique la conséquence (la sortie). Ce sont des systèmes non déterministes contrairement aux systèmes simples.

Un autre exemple dans la biologie est le cerveau humain. C'est un système et un organe très complexe. Il est constitue d'une centaine de neurones où chacun possède sa propre fonction relative au fonctionnement d'un organe précis dans le corps humain, c'est-à-dire que chaque neurone ou un ensemble de neurones est chargé de contrôler et de commander une partie très précise de notre corps (la main, la jambe etc.).

Les neurones possèdent leurs propres fonctions et s'interagissent entre eux en fournissant à la fin une fonction globale très exacte et énorme du cerveau. On constante qu'un comportement émergent est apparaît à l'origine des comportements locaux sans aucune coordination suprême. Un résultat est observé ; c'est la réaction du cerveau. Ce résultat n'est pas égal à la somme de toutes les fonctions rassemblées des neurones.

La nature est organisée et composée de systèmes complexes tels que la molécule qui est formée d'un ensemble d'atomes. Un atome à son tour ce décompose en électrons, protons etc. Une ruche est composée de reine, de faux-bourdons, d'ouvrières et de larves.

Un marché est composé d'argents, de matières premières, de consommateurs etc. Dans ce contexte, on s'intéresse à la question essentielle suivante : comment expliquer la relation non déterministe de la causalité dans de tel système afin de prévoir le futur pour prendre les précautions? C'est l'objectif des systèmes complexes.

Dans notre étude, nous traitons le problème de la découverte de la topologie pour un type particulier des réseaux d'ordinateur c'est le réseau mobile ad hoc qui vérifie les propriétés et les fonctionnalités des systèmes complexes [Bit10a].

La nouveauté c'est que nous considérons un réseau d'ordinateur comme un système complexe et nous essayons de l'étudier, de conclure et de prévoir son comportement futur. Une fois fait, nous utilisons cette conclusion pour optimiser le processus de routage. Reste à dire que les protocoles de routage classiques son des méthodes exactes qui donnent de bons résultats cependant, ils souffrent d'une complexité très élevée qui influe négativement sur l'efficacité du routage.

Les réseaux d'ordinateur sont divisés en deux catégories: les réseaux filaires et les réseaux sans fil. Ces derniers sont aussi répartis en deux classes: les réseaux sans fil avec infrastructure et les réseaux sans fil sans infrastructure qui représente les *réseaux mobiles ad hoc (MANETs)*.

Un MANET peut être défini comme étant un ensemble de dispositifs mobiles, sans fil et auto-organisationnels dans le réseau, sans aucune infrastructure et sans aucun control central. Tous les nœuds sont égaux et peuvent pénétrer ou sortir du réseau à n'importe quel moment et peuvent servir le routage de données pour tout autre nœud d'une manière multi-sauts [Roy99].

Comme les MANETs n'ont aucune infrastructure fixe, ils se basent sur l'émergence d'un comportement global à partir des comportements locaux [Ash05]. Par opposition aux réseaux filaires et aux réseaux sans fil avec infrastructure, les utilisateurs des MANETs se communiquent dans des situations sensibles et critiques pour lesquelles il est impossible de mettre en place une infrastructure fixe. C'est une communication à n'importe quel moment et à n'importe quel endroit. Ce type de réseau peut être décrit comme un réseau qui comporte des dispositifs mobiles. Il peut être créé ou détruit dès que nécessaire [Ash05].

La découverte de la topologie dans un réseau mobile ad hoc est considérée comme la phase principale du routage. Elle est considérée comme la fonctionnalité essentielle de la couche réseau pour le modèle de référence OSI de ISO. Nous cherchons à recueillir pour chaque nœud du réseau les informations nécessaires et qui sont liées à l'architecture du réseau entier (la topologie). Ce sont les différentes données qui concernent les autres nœuds, leurs liens et leurs organisations.

Nous contribuons comme suit:

Premièrement, nous proposons une méthodologie d'étude pour concevoir un système complexe. C'est une méthodologie constructive qui commence par les entités du système et qui offre à la fin un système émergent bien conçu [Bit06a].

La deuxième contribution, et la proposition d'une nouvelle approche appelée « système d'abeilles » [Bit06b], [Bit08] qui est inspiré de la société des abeilles. Notre système a pour but l'émergence d'un comportement global à partir d'un ensemble d'entités qui sont en interaction entres elles et avec leur environnement (comportements locaux). Ce système peut être considéré comme une nouvelle méthode métaheuristique [Bit06b] et peut être utilisé pour résoudre d'autres problèmes de même type.

Le système d'abeilles se base sur le phénomène naturel de la communication entre les abeilles pour récolter de la nourriture. La communication chez les abeilles est assurée par deux types de danses [Von67] en indiquant la distance, la direction, la quantité ainsi que la qualité de la nourriture trouvée. Par projection, nous essayons d'utiliser ce phénomène pour trouver la topologie entière d'un MANET au profit de chaque nœud.

Troisièmement, nous proposons une simulation du système d'abeilles [Bit07] dans un environnement adéquat aux réseaux mobiles ad hoc en tant que systèmes complexes. Nous utilisons pour la simulation le simulateur NetLogo [Wil99]. Cette simulation montre la possibilité d'offrir l'information globale à partir d'une information locale (émergence). Ce simulateur est considéré comme un des puissants simulateurs pour les systèmes complexes.

En quatrième et en fin, nous proposons une simulation de notre système dans le contexte réseau par le simulateur NS2. Cette simulation montre la possibilité de router les paquets dans un MANET avec efficacité et fournit d'excellents résultats après la comparaison du système d'abeilles par rapport aux protocoles de routage de référence AODV et DSR en tant que protocoles réactifs.

Ce livre est organisé en cinq chapitres précédés par une introduction générale et suivis par une conclusion générale. L'introduction générale encapsule la problématique et les objectifs de ce travail. Par la suite, un état de l'art est proposé. Le premier chapitre met l'accent sur les systèmes complexes, définitions, caractéristiques, types etc., Il détaillera aussi la conception des systèmes complexes ainsi que notre première contribution: « la méthodologie de conception de systèmes complexes ». Le deuxième chapitre est consacré aux réseaux mobiles Ad hoc: historique, définitions, propriétés, qualité de service dans les MANETs, les ondes radio utilisées et le routage.

Dans le chapitre trois, nous présentons le problème de la découverte auto-organisationnelle de la topologie dans les réseaux mobiles ad hoc: la définition, l'auto-organisation, les paradigmes liées à l'auto-organisation, la problématique de la découverte, les objectifs visés et les approches existantes de la résolution.

Ensuite, le quatrième chapitre présente notre deuxième contribution; c'est le système d'abeilles. Ce chapitre illustre ce système par une description détaillée et abstraite puis, nous projetons le système d'abeilles sur les réseaux mobiles ad hoc et sur la découverte de la topologie. Par la suite, nous proposons une spécification formelle qui est suivie par les apports de notre système sur les MANETs.

Les simulations et les résultats font l'objet du cinquième chapitre. Il commence par la première simulation en utilisant le simulateur NetLogo. Nous présentons aussi dans ce chapitre, le modèle de conception proposé pour la simulation : les nœuds et leur organisation, l'environnement et les interactions dans le réseau.

De plus, nous expliquons en détail la simulation (modélisation et déroulement de la simulation) et enfin, nous discutons les résultats obtenus. Dans le même chapitre, nous introduisons la deuxième simulation en utilisant le simulateur NS2 ainsi que le contexte de l'expérimentation et les résultats obtenus après une comparaison avec les protocoles de référence AODV et DSR.

Finalement, nous concluons cette étude par un bilan global et nous proposons quelques perspectives pour une recherche future.

Premier chapitre

Les systèmes complexes

Chapitre 1

Les systèmes complexes – un aperçu général

1.1 Définitions

La notion du « système complexe » est très vaste, par conséquent, les académistes informaticiens n'ont pas encore déterminé une définition unanime pour ce concept. Ceci est dû à la nouveauté relativement observée de ce domaine et à la difficulté réellement vue de cette discipline afin de mettre en accord une définition globale. Cependant, il existe quelques initiatives pour définir un système complexe dont nous pouvons citer quelques unes.

De point de vue terminologique, la notion système complexe est considérée comme la concaténation des deux termes : *système* et *complexe*. Le terme système désigne un ensemble d'éléments matériels et/ou immatériels (homme, machine, règles etc.) en interaction entre eux, ayant comme objectif la transformation par un processus, un ensemble d'éléments (Entrées) en un autre ensemble d'éléments (Sorties). Le terme complexe est un adjectif décrivant un objet qui contient plusieurs éléments différents et combinés d'une manière qui n'est pas immédiatement claire pour l'esprit, et qui est difficile à analyser [Lar06].

Nous pouvons citer aussi une définition linguistique qui a été donnée par Yaneer Bar-Yam qui considère le système complexe comme un système qui contient des parties interconnectées où le système complexe offre un comportement global qui diffère de la somme des comportements des parties qui le constituent. Pour comprendre qualitativement le comportement global émergent, on doit non seulement comprendre les comportements des parties du système, mais aussi on doit comprendre comment les actions des parties s'interagissent pour conduire à un comportement global émergent. La difficulté des systèmes complexes est liée à un comportement global *imprévisible* par conséquent, le problème majeur est de répondre à la question suivante : comment peut-on comprendre ou prévoir un comportement global du système

« aspect qualitatif » à partir des comportements et des interactions de ses parties qui le constituent « aspect quantitatif » ? [Bar97].

Selon Kampis, un système complexe est construit d'un grand nombre d'entités qui interagissent mutuellement et sont capables d'échanger des événements entre elles et avec l'univers extérieur. Ces entités sont capables d'adapter leurs structures internes aux changements survenus comme le résultat d'une telle interaction. Le système complexe nous permet de visualiser des comportements complexes et émergents grâce à sa structure globale et grâce aux interactions non linéaires entre ses entités composantes. Ce comportement est affecté au système complexe et non à une de ses entités composantes. De plus, le résultat des interactions entre les entités excède les contributions individuelles de chaque entité. Un tel système décrit un degré de complexité plus grand que ses parties [Kam91].

Une autre définition est donnée par Schoneveld où il le considère comme une population d'éléments uniques avec des attributs bien définis. Dans le cas où les éléments ont des interactions non linéaires dans l'évolution temporelle et spatiale du système, un comportement macroscopique et complexe peut émerger à partir des interactions microscopiques des éléments composants. Le comportement émergent peut en général, ne pas être prédictible à partir des éléments individuels et leurs interactions [Sch99].

Marcenac affirme que l'idée d'un système complexe est d'avoir un système qui réagit par une dynamique liée à de nombreuses interactions entre composants, décrits eux-mêmes selon plusieurs niveaux d'organisation, et dont la sémantique des interactions diffère d'un niveau à un autre. Les résultats qui unissent les composants doivent privilégier plutôt l'aspect dynamique que l'aspect statique du système interactif [Mar97].

Selon Hassas Un système complexe est un système composé d'un ensemble d'éléments homogènes ou hétérogènes, interagissant entre eux de façon non linéaire (interactions rétroactives), mettant ainsi en œuvre une dynamique permettant à l'ensemble du système d'exister comme un tout, différent de la simple somme de ses composants. On distingue alors deux niveaux :

–un niveau micro, représentant le niveau des composants, avec des propriétés locales à chacun d'eux,

–un niveau macro, représentant l'ensemble du système, avec des propriétés nouvelles, que l'on ne retrouve dans aucun des composants pris individuellement. On parle alors d'émergence de nouvelles propriétés.

Le caractère complexe d'un système, tient aux émergences induites par les interactions rétroactives. Dans la dynamique du système, ces interactions permettent de mettre en œuvre les mécanismes de son adaptation et de son évolution par rapport aux évolutions de son environnement [Has03].

Après une étude comparative des définitions, on peut adopter une définition qu'on juge globale et déterministe d'un système complexe, c'est celle de Pines. Un système complexe est vu comme une collection d'entités (agents) qui répondent à l'environnement et aux autres entités. Les entités enveloppent leurs structures dans des modèles hétérogènes. Elles modifient leurs caractéristiques pour s'adapter aux situations nouvelles et pour améliorer leurs exécutions des tâches désirées.

Typiquement, les systèmes adaptatifs complexes possèdent des propriétés intrinsèques non linéaires qui peuvent mener à des situations positives ou négatives. Les entités offrent un comportement émergent (auto-organisationnel) et elles sont sensibles aux conditions initiales. Les systèmes complexes sont rarement capables de trouver l'état optimal par conséquent, elles stagnent dans des solutions probablement optimales (locaux minimaux) qui sont souvent des solutions par habitude (historiques). Enfin, l'interposition sur le comportement d'un système complexe provoque souvent des conséquences inattendues [Pin98].

1.2 Motivation – pourquoi la convergence vers les systèmes complexes ?

La recherche au domaine des systèmes complexes est un nouvel angle d'étude en informatique. Il explique et éclaircit la manière et la façon de l'émergence d'un comportement global et collectif du système entier à partir de l'ensemble de comportements de parties qui le constituent.

On note que les parties constituantes un système complexe possèdent des structures qui peuvent être hétérogènes et elles interagissent entre elles d'un côté et avec l'univers extérieur d'un autre côté. Ceci mène vers un résultat qui est caractérisé par son imprévisibilité et sa complexité par rapport aux comportements élémentaires des parties du système (l'émergence d'un comportement global).

On cite quelques exemples pour l'étude des systèmes complexes. Pour un système social dans les sciences sociales, on définit une population d'individus qui constituent les parties de ce système. Les systèmes complexes font l'étude, à titre d'exemple, d'un phénomène populaire social quelconque. C'est un comportement de la société qui a émergé comme le résultat d'un ensemble de comportements des individus de la population.

Plus concrètement, on mentionne l'étude du phénomène de regroupements dans la société (rassemblements sociaux). Dans ce cas, les parties du système qui sont les individus s'interagissent entre eux, se communiquent, s'entendent, se coopèrent, se négocient, etc. Après certain temps, on remarque que la société (le système global) s'organise d'une façon automatique, extraordinaire et sans aucune administration globale. Par conséquent, on obtient des groupes et des sous-groupes sociaux. Ces regroupements se résultent selon plusieurs critères : religieux, familiaux, professionnel, ethniques, etc.

Dans la biologie, et plus précisément, les recherches sur le cerveau humain peuvent se baser sur les systèmes complexes. Les biologistes considèrent le cerveau humain comme un organe très complexe. Il est constitué d'un nombre très important de neurones. Chaque neurone possède sa propre fonction, c'est-à-dire, il gouverne une partie très précise du notre corps.

Le système global ici est le cerveau et ses parties constituantes sont les neurones. Ces derniers s'interagissent entre eux et avec l'environnement, en fournissant à la fin un comportement très juste et exact. Alors, comment un tel comportement peut émerger à partir d'un ensemble de comportements partiels liés aux cellules (parties) du cerveau ?

La nature est constituée de systèmes complexes tels que la molécule qui est considérée comme un système complexe formé d'entités; ce sont les atomes. Un atome est constitué d'électrons, de protons et de noyau etc.

Pour cela, l'étude des systèmes complexes est considérée comme un nouvel axe de recherche, qui analyse son sujet (le problème posé) d'une manière différente de toute méthodologie traditionnelle. On s'intéresse à la prévision d'un résultat (comportement global) d'un système réel (tout système réel est un système complexe) qui n'a pas encore apparaît, en se basant sur ses entités composantes (comportements locaux) et leurs interaction avec l'univers extérieur et entre elles.

Pourquoi les systèmes complexes ?

Les systèmes complexes visent l'objectif suivant: la compréhension des effets indirects plutôt que les effets directs qui caractérisent les systèmes simples (linéaires). Ces recherches se concentrent sur des problèmes qui sont relativement difficiles à résoudre. La difficulté réside sur la relation de la causalité entre les parties et le tout. Ceci fait référence d'un côté, aux raisons et aux causes du problème en question et d'un autre côté, aux effets et aux conséquences résultants. Donc, la relation entre les causes et les conséquences est ambiguë dont les facteurs concernés ne sont pas souvent tous connus ou au moins leurs effets ne sont pas toujours claires. Une fois cette relation est comprise, on peut prévoir un résultat avant son occurrence pour aider à une prise de décision conforme à un état actuel (la cause).

Le domaine des systèmes complexes fournit trois catégories d'outils sophistiqués pour mieux étudier les phénomènes en question. Les premiers outils sont théoriques. Ils nous aident à mieux comprendre ses systèmes en se basant sur la théorie. Le deuxième mode d'étude est plutôt analytique qui a pour but d'examiner profondément le système complexe par une décomposition en essayant de comprendre comment le tout est formé à partir de ses parties. La dernière approche d'étude des systèmes complexes se base sur le traitement automatique par le biais d'une étude historique de l'évolution successive des états du système. Ceci aide à bien décrire, modéliser ou simuler le système.

Nous pouvons dire que l'étude moderne des systèmes complexes traite et répond aux questions suivantes:

1. Comment peut-on comprendre les façons qui font décrire et naître un système complexe (Aspect déroulement) ?

2. Comment peut-on déterminer un processus d'émergence d'un système complexe à travers l'évolution de leurs parties (Aspect qualitatif) ?

3. Comment les interactions des parties du système (entre elles et avec l'univers extérieur) peuvent offrir un comportement global qui diffère de la somme des comportements élémentaires de ces parties (Aspect qualitatif) ?

1.3 Les caractéristiques d'un système complexe

1.3.1 Emergence d'un comportement global à partir des comportements locaux

C'est un concept de base utilisé pour décrire le processus par lequel un comportement collectif (macroscopique) est atteint par le système à partir des interactions entre ces parties constituantes. Ces parties représentent une vue partielle du système; il s'agit d'un comportement élémentaire (microscopique).

L'émergence est aussi définie comme étant le processus qui, à partir d'un système de plusieurs éléments, produit un comportement plus organisé que les comportements de chaque partie du système [Hil88].

L'émergence peut être représentée par le schéma suivant:

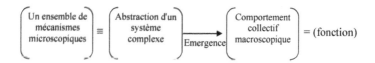

Figure 1.1 : Emergence [Can04]

11

1.3.2   Auto-organisation

Lors de son évolution, le système complexe passe par une période d'auto-organisation. Le système a tendance à se complexifier pour un perfectionnement fonctionnel et une amélioration de son pouvoir d'adaptation. Un système est dit auto-organisé, s'il est organisé sans aucune intervention ni contrôle central ou extérieur. En d'autres termes, les entités individuelles sont en interaction directe entre elles d'une manière distribuée (chaque entité avec sa voisine et ainsi de suite). L'interaction entre les entités est toujours locale [Pre05].

1.3.3   Non linéarité

Un système complexe est vu comme un système non linéaire dont le résultat des interactions entre les entités composantes du système excède les contributions individuelles de chaque composante [Kam91]. Si ces éléments ont des interactions non linéaires, il se peut que l'on ait une émergence d'un comportement global [Slo97].

Le comportement du système est asymptotique et il ne dépend pas totalement des conditions initiales du système. Contrairement, aux systèmes linéaires, leur comportement peut être extrêmement chaotique [Bit06a]. De plus, la non linéarité veut dire que la sortie du système n'est pas déterminée d'une manière unique par l'entrée. Autrement dit, à deux instant différent, une même entrée peut donner des sorties différentes, ce qui rend le système complexe.

1.3.4   Adaptabilité

L'adaptabilité pour un système complexe est la possibilité de construire de nouvelles configurations dans un environnement innové. Ces innovations peuvent être purement générées par l'univers extérieur, comme elles peuvent être le résultat des interactions entre les entités du système et l'univers extérieur. On peut aussi définir l'adaptabilité comme la capacité du système d'apprendre automatiquement de nouveaux comportements à partir de ses nouvelles observations et notamment à partir de ses anciens comportements globaux (son historique) [Bit06a].

1.3.5   Nouveauté

Cette propriété signifie que le système complexe présente de nouvelles propriétés et de nouveaux comportements si on le compare à leurs entités constituantes [Moi99].

1.3.6   Stabilité/Instabilité

Le système complexe lors des influences réciproques entre ces entités composantes, passe par une période de stress et de perturbation (instabilité) où le système se simplifie et se déstructure partiellement ou totalement (stabilité) [Bit06a].

1.3.7 Irréductibilité

Un système complexe est caractérisé par une complexité assez élevée que ses entités composantes. Il est caractérisé par des propriétés qui ne peuvent pas être réduit à une forme plus simple à celle des ses composantes [Kam91]. On peut dire aussi que c'est la propriété du système qui est composé de plusieurs parties en interaction, et qui contribuent chacune à sa fonction élémentaire dont l'absence d'une quelconque de ces parties empêche le fonctionnement du système entier [Beh96].

1.4 La complexité d'un système

C'est une mesure quantitative pour évaluer le degré de la nécessité d'un système à être simplifié. Dans [Bar97] on définit la complexité par le montant de l'information nécessaire pour décrire le système. Pour cela nous devons définir et spécifier le niveau de détail pour cette description.

Les systèmes complexes sont liés au concept de la complexité. Par conséquent, plusieurs chercheurs considèrent qu'un système est complexe que s'il vérifie certaines propriétés selon de différents critères. On présente dans ce qui va suivre les différents critères de la complexité :

La cardinalité

Il y en a qui considèrent qu'un système est complexe s'il contient plusieurs entités composantes.

L'interdépendance

Plusieurs chercheurs appellent un système complexe tout système dans lequel il existe plusieurs interdépendances entre les entités composantes.

L'indécidabilité

D'autres chercheurs qualifient un système de complexe si son comportement est considéré comme indécidable, en revanche, les systèmes qui possèdent un comportement déterminable sont considérés moins complexes.

La continuité de l'information (sens de Shannon-Wiener)

Pour ce critère, un système est considéré comme complexe s'il possède plusieurs composantes qui sont différentes de point de vue comportement. Donc, ceux qui possèdent des entités similaires sont moins complexes.

La complexité informationnelle (complexité des théories)

La complexité des théories est mesurée par le nombre de leurs paramètres ou par le nombre de symboles nécessaires pour caractériser les systèmes.

La complexité selon le critère computation

Un système est qualifié de complexe selon le critère computation est un système évalué par le nombre maximum ou attendu des étapes de calculs élémentaires nécessaires pour résoudre un problème donné.

1.5 Les systèmes complexes naturels et les systèmes complexes artificiels

Nous distinguons deux types de systèmes complexes. Ceux qui s'apparaissent à notre vie quotidienne : on les appelle les systèmes complexes naturels et ceux qui donnent des solutions scientifiques par des outils informatiques aux différents problèmes posés représentent les systèmes complexes artificiels.

1.5.1 Les systèmes complexes naturels

Ce sont des systèmes composés d'un ensemble d'entités naturelles, physiques ou non, en interaction et dont le comportement collectif influe sur la dynamique du système. Ce type de système étudie les propriétés et les comportements des systèmes naturels selon deux paramètres : spatial et temporel [Ber01]. Nous citons quelques exemples concernant les systèmes complexes naturels dans de différentes disciplines :

- L'écologie : étude d'organisation des espèces, des séismes et des volcans, des rivières, de la pollution etc.

- La biologie : étude de l'anatomie humaine, le système nerveux et hormonal chez l'homme etc.

- La physique et la chimie : étude des mouvements, la mécanique quantique, la chimie générale et la chimie organique etc.

- L'économie : étude des transactions dans le marché et dans les bources, les monnaies, les banques, la production et la consommation etc.

- Le transport : étude du trafic routier, les embouteillages et les bouchons, le déplacement des véhicules etc.

1.5.2 Les systèmes complexes artificiels

C'est le deuxième type des systèmes complexes qui se base sur des modules et des techniques informatiques : Objets, Acteurs, Agents etc. Ils sont utilisés pour concevoir, modéliser et simuler des solutions dans de différentes disciplines.

Ce type de système est basé sur des entités informatiques, hétérogènes, plus ou moins autonomes, en interaction entre elles afin de produire par l'émergence d'un comportement, une solution globale au problème posé.

Nous présentons quelques exemples de simulation :

- Projet Simdelta : un système multi-agents conçu pour simuler la pêcher sur le Delta central de Niger (C. Cambier thèse de doctorat, LIP6, 1994),

- Projet Manta : une plateforme qui simule des organisations sociales chez les fourmis (A. Drogoul, Thèse de doctorat, LIP6, 1993),

- Projet Rivage : un modèle qui décrit les processus physiques ruissellement et d'infiltration d'eau qui peuvent conduire éventuellement à la formation de mares, de ravins ou chemins d'eau. (D. Servat, LIP6, 2000).

1.6 Les systèmes complexes centralisés et les systèmes complexes distribués

Un Système complexe peut être centralisé ou distribué. Dans le premier cas, une entité superviseuse joue le rôle de coordination entre les entités, assure la gestion globale du système et trouve des solutions en cas de défaillance. Cette catégorie de systèmes a été l'objet de plusieurs recherches [Bur00].

La deuxième catégorie représente les systèmes complexes distribués qui représente le cas le plus général des systèmes complexes. Dans cette catégorie, le système est caractérisé par une répartition physique de structures et de fonctions dont les entités possèdent le même degré de responsabilité (l'absence de la supervision).

1.7 La conception d'un système complexe

1.7.1 Proposition d'une nouvelle méthodologie de conception

Les systèmes complexes représentent la plupart des systèmes réels car un système réel se constitue d'un ensemble d'éléments hétérogènes. Ces éléments sont parfois connus partiellement par l'utilisateur.

Un système réel offre un comportement imprévisible dans la majorité des cas. Afin de surmonter cette complexité liée aux entités composantes du système et liée au comportement imprévisible du système, il est très utile d'étudier les systèmes complexes : structure et fonctionnement.

Dans cette étude, nous proposons une nouvelle méthodologie d'étude des systèmes complexes [Bit06a]. C'est une méthodologie *constructive*, commence d'abord par une analyse du système réel afin de le mettre à la disposition d'une étude formelle. En d'autres termes, nous visons la préparation du système réel pour qu'il soit capable d'être modélisé dans la prochaine étape. Par la suite, nous effectuons une conception dite logique c'est-à-dire, une conception indépendante de tout outil physique de l'informatique (méthodes d'enregistrement, d'accès ou de programmation etc.).

Le but de la conception logique est de synthétiser le système en précisant les entités composantes du système et leurs compétences (niveau microscopique) ainsi que les différents états du système entier (l'historique). La conception logique passe par deux étapes : la modélisation et la spécification. Le format obtenu peut être validé et testé pour s'assurer de sa conformité au système réel initial. Nous pouvons par la suite implémenter le système résultant pour qu'il soit expérimenté si possible ou bien pour qu'il soit simulé si nécessaire. Le résultat final est un système global qui offre le comportement émergent recherché (niveau macroscopique).

Le système obtenu nous aide à surmonter la complexité, étudier et prévoir le comportement global et futur du système, vaincre toutes les propriétés liées à la complexité du système.

1.7.2 Les phases de conception d'un système complexe

Cette méthodologie propose six phases pour concevoir un système complexe (Figure 1.2) :

- *Phase d'analyse*

Cette phase sert à limiter ce qui est connu, ce qui est à connaître et les paramètres intermédiaires qui conduisent ce qui est connu vers ce qui est à connaître. Dans cette phase informelle, nous présentons les structures des entités composantes du système complexe, leurs compétences et leurs interactions. C'est la première étape du problème posé pour qu'il soit préparé à la phase suivante.

- *Phase conception logique*

Notre objectif dans cette phase est la description sous forme de modèles et d'algorithmes afin de synthétiser le système. Ici, on modélise le niveau microscopique (structure, fonctions, interactions etc.) pour préparer l'émergence du comportement global du système dans une étape avancée (niveau macroscopique).

Cette phase est divisée en deux étapes : modélisation et spécification.

1. Modélisation : dans cette étape, nous essayons de trouver un modèle formel (mathématique par exemple), en utilisant des outils de modélisation : équations, réseaux de pétri etc. afin de formaliser les entités et leurs interactions.

2. Spécification : afin de rendre la résolution apte à être implémentée par des outils informatiques (logiciels par exemple), nous devons passer par une spécification formelle de résolution. C'est l'étape qui utilise le modèle trouvé et permet de mettre une résolution très détaillée de point de vue informatique.

- *Validation*

La validation sert à vérifier la syntaxe et la sémantique du système conçu. Elle assure la correction du modèle trouvé et de la spécification synthétisée au problème en question.

- *Test de conformité*

Après avoir obtenu un système logiquement conçu, on doit tester si ce dernier répond aux critères initiaux de la conception. En d'autres termes, on doit s'assurer que les propriétés du système n'étaient pas modifies lors des phases précédentes et que le système résultant est conforme aux exigences initiales et se fonctionne dans les mêmes objectifs de début.

- *Implémentation*

Cette phase sert à transformer le système conçu sous un format prêt à être opérationnel et exécutable sur ordinateur. Ici un choix de techniques logicielles d'implémentation et de machines doit être effectué.

- *Utilisation / simulation*

C'est la phase de mettre le système réalisé en exploitation. Il existe deux types de systèmes. Ceux qui peuvent être en marche directement (opérationnels) et ceux qui exigent une simulation pour de différentes raisons (difficultés de la mise en marche, dangers, coût d'expérimentation très élevé, etc.). Pour le deuxième type (simulation), on peut visualiser le rendement et l'émergence du système pour aider l'utilisateur à tirer ses conclusions.

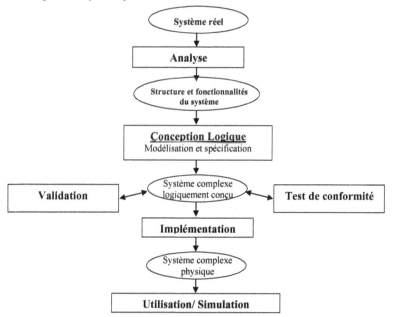

Figure 1.2 : La conception d'un système complexe

1.8 Conclusion

Dans ce chapitre nous avons présenté les systèmes complexes en donnant quelques définitions de la littérature ainsi que les propriétés globales de tels systèmes. De plus, nous avons exposé deux classifications des systèmes complexes où on peut les diviser en systèmes complexes naturels ou artificiels en se basant sur le critère de la nature du système. Nous pouvons aussi les réparties en systèmes complexes centralisés ou distribués selon le critère de la supervision. Nous avons proposé dans ce chapitre une méthodologie de conception d'un système complexe en essayant de contribuer à l'organisation du développent de tels système. Pour notre étude nous avons choisi les réseaux mobiles ad hoc considérés comme des systèmes complexes afin de traiter le problème de la découverte de la topologie. Une étude théorique des réseaux mobiles ad hoc fait l'objet du prochain chapitre.

Deuxième chapitre

Les réseaux mobiles ad hoc

Chapitre 2

Les réseaux mobiles ad hoc (MANETs)

2.1 Introduction

L'informatique mobile est devenue la technologie la plus employée pour les applications de pointes de nos jours. Elle a donné de superbes solutions aux lacunes et aux problèmes les plus critiques dans les disciplines sensibles, en citant à titre d'exemple, les urgences médicales, les problèmes sécuritaires et de la défense, l'enseignement et l'apprentissage fondamentaux et professionnels, les transactions financières et économiques etc.

Ce développement extraordinaire est dû, d'un côté à l'évolution rapide du matériel informatique mobile et aussi à la baisse des coûts de ce matériel. Il est lié d'un autre côté aux progrès réalisés dans le domaine de la télécommunication sans fil.

Des statistiques avaient montrées qu'en 2002 le monde a dépassé les 100 milliards utilisateurs de dispositifs de communication sans fil et plus de 200 millions de téléphones sans fil (portables) seront acquérir chaque année [Per01].

Aujourd'hui, on remarque un grand changement à notre vie quotidienne grâce à l'Internet. La plupart des entreprises, des organisations et des familles disposent de l'accès au Web. C'est pour un usage pas forcément scientifique ou technologique mais pour des opérations ordinaires et quotidiennes telles que les transactions d'argents, les réservations d'hôtel et de moyens de transport, pour l'orientation dans les villes etc.

Tout ce développement a rendu la vie plus facile, mais l'homme cherche toujours plus. Il cherche à posséder d'autres services liés à la mobilité. Il cherche à effectuer ses obligations et ses préoccupations lors de son voyage par exemple. Alors, l'Internet filaire et les réseaux fixes ne seront pas plus adéquats. Par conséquent, les recherches sont tournées vers cet axe et ont

abouti à des solutions très satisfaisantes. Par exemple, plusieurs véhicules sont menés d'un système d'aide et de suggestion de la conduite et d'orientation. Ce système est basé sur la téléinformatique sans fil (GPRS). Les recherches sont de plus en plus gourmandes et visent de nouveau progrès. D'une part, on cherche de la communication sans fil rapide et moins coûteuse, et de l'autre part, on a besoin de dispositifs informatiques mobiles, indépendants et à la portée de tout le monde.

Donc, le souci actuel dans ce domaine est de la permission de la communication à distance et sans fil en utilisant des équipements informatiques *à tout moment* et *à tout endroit* et *à n'importe quelle situation*, indépendamment de toute contrainte. Pour cela, plusieurs solutions ont mis en évidence la possibilité de déployer ce qu'on appelle *les réseaux mobiles ad hoc*.

Par conséquent, un dispositif de communication sans fil (un nœud du réseaux mobiles ad hoc) doit physiquement être capable à se communiquer avec les autres dispositifs (les autres nœuds) du réseau en l'absence de toute infrastructure, de stations de base, de routeurs superviseurs ou de fournisseurs d'accès du réseau [Per01].

Dans ce chapitre, nous discutons les réseaux mobiles ad hoc de point de vue historique, leurs différentes définitions et leurs motivations. Par la suite, nous évoquons un principe de base qui caractérise ces systèmes c'est l'auto-organisation et quelques points de difficultés dans ces réseaux. Nous présentons aussi l'organisation de référence des réseaux mobiles ad hoc et leur routage et enfin nous expliquons brièvement la problématique de notre étude ; il s'agit de la découverte de la topologie pour ces réseaux.

2.2 Motivations

Les réseaux mobiles ad hoc ont montré un succès formidable, dans plusieurs secteurs. Ce succès est dû aux profits engendrés que ce soit stratégiques ou économiques. Le premier secteur qui a été très motivé est le secteur militaire, pour lequel les réseaux mobiles ad hoc représentent un outil vital parce que le déploiement d'un réseau sans fil et sans infrastructure lors d'une exigence militaire apporte plusieurs bénéfices humains et matériels. Dans ce contexte, on peut considérer les véhicules militaires ou mêmes les soldats qui peuvent être équipés de dispositifs radio comme des nœuds d'un MANET. Ce type de réseau empêche toute personne physique ou morale de pénétrer ou d'écouter les transmissions entre les entités communicantes. Il empêche aussi la destruction de ce réseau puisque il ne possède aucune infrastructure.

Un autre facteur de motivation est lié à la mise en place rapide et simple d'un réseau mobile ad hoc dans les situations de catastrophes naturelles. En cas de séisme, d'inondation, d'incendies etc., il est impossible de se compter sur les réseaux avec infrastructure. La coupure de liaison peut être remplacée par un MANET qui est facile à être déployé. Ceci peut aider à sauver et à secourir plusieurs vies humaines.

On utilise les réseaux mobiles ad hoc pour les régions à accès très difficiles telles que les îles, les régions désertes, les jungles, les compagnes ou les petites villes situées dans des montagnes où l'installation d'un réseau filaire ou cellulaire est très contrainte. Aussi, un usage souhaitable des réseaux mobiles ad hoc est pour les régions où la destruction des infrastructures est fréquente (régions des cyclones et des ouragans).

On mentionne un autre facteur de motivation lié à la physique de la propagation des ondes électromagnétiques. Les réseaux mobiles ad hoc sont une très bonne solution pour les transmissions dont les fréquences d'ondes radio dépassent les 100 Mhz. Dans ce cas, les ondes radio ne pénètrent pas facilement les obstacles et les immeubles alors, il est très conseillé de déployer un réseau mobile ad hoc.

De plus, la présence des MANETs peut être un bon moyen de communication pour les conférences, pour les domiciles et pour les transmissions amateurs.

2.3 Historique

La téléinformatique mobile avait connu son grand développement à partir des années 1990. Ceci est entraîné par la forte demande de nouveaux et de divers services utilisateurs ; on cite la transmission des images fixes et animées, la rapidité des communications et la grande capacité de dispositifs utilisés. On a passé alors, par les premiers systèmes GSM, puis les GPRS et ensuite les UMTS.

Par ailleurs, nous assistons à un effort de développement de l'effectif nomade dans les entreprises dont l'organisation devient de moins en moins hiérarchisée. En effet, les employés sont de plus en plus équipés d'ordinateurs portables et passent plus de temps à travailler au sein d'équipes plurifonctionnelles, transorganisationnelles et géographiquement dispersées.

Le réseau local sans fil (WLAN) est donc apparu comme un système de transmission de données conçu pour assurer une liaison indépendante de l'emplacement des périphériques informatiques qui composent le réseau et utilisent les liens sans fil plutôt qu'une infrastructure câblée. Il constitue une solution de connexion réseau pratique et intéressante offrant la mobilité, la flexibilité et le faible coût de déploiement et d'utilisation. Après avoir été considérée comme une technologie isolée et immature, l'accès sans fil local apparaît comme une composante indispensable dans une architecture de convergence qui intègre des technologies sans fil et mobiles (IEEE 802.11b/a/g/n, IEEE 802.15, IEEE 802.16, IEEE 802.20, ultra-large bande, 2G/3G). Par ailleurs, deux autres domaines adjacents se sont très vite constitués ; il s'agit des réseaux mobiles ad hoc et des réseaux de capteurs sans fil *Sensor Networks*.

Les réseaux mobiles ad hoc apparaissent dans le cadre de plusieurs systèmes, à savoir les réseaux locaux sans fil (la famille IEEE 802.11, HiperLan), les réseaux de proximité (Bluetooth) ou d'autres systèmes tels que les réseaux domestiques (HomeRF, etc.) [Lab06].

La première apparition concrète des réseaux mobiles ad hoc a été dans le domaine militaire dans le cadre d'un projet du département de la défense des états unis des Amériques (USA) appelé le projet (DARPA) *Defense Advensed Research Projects Agency* qui ait débuté en 1973. Ce projet avait donné naissance à un réseau appelé (PRNET) *Packet Radio Network* c'est le premier réseau mobile ad hoc. Ce réseau permet la communication en ondes radio d'une manière multi-sauts selon le principe de la diffusion (Broadcasting) sur un espace géographique relativement étendu.

L'utilisation de base de PRNET a été démontrée au début des années 80s, mais plusieurs problèmes principaux sont restés à résoudre avant que le département de la défense des USA pourrait entièrement exploiter la technologie de MANET. Les versions initiales des dispositifs radio et de leurs contrôleurs étaient très grandes, peu puissantes, et limitées dans leur traitement. Ces MANETs avaient des capacités et des fonctions très sophistiquées mais peu perfectionnées telles que la gestion limitée du spectre. En outre, les algorithmes de gestion de réseau avaient démontrés leur performance sur de petits réseaux mais ils n'étaient pas bien adaptés pour les grands réseaux. De plus, la robustesse du réseau contre les attaques électroniques avait également dû être augmentée.

Par conséquent, DARPA lança en 1983 le programme des réseaux de radio survivables (SURAN) *Survivable Radio Networks* pour surmonter ces problèmes. En 1987, le royaume uni (UK) représenté par l'établissement royal des signaux et de radar (RSRE) *Royal Signals and Radar Establishment* avait développé un réseau sans fil de paquets basé sur les ondes radio à bande étroite comme des réseaux de combat. Dans la même année, une autre application de réseau sans fil de paquets avait été développée dans le cadre du programme DARPA : c'est le système de satellite multiple (MSS) *Multiple Satellite System* [Per01]. A la fin des années 80s et au début des années 90s, les MANETs passait modestement à l'usage commercial mais toujours le grand développement était militaire.

En 1994, la DARPA créa le projet (GloMo) *Global Mobile Information System* afin d'étudier la possibilité d'adapter les concepts d'Internet en pleine expansion à des utilisateurs mobiles. L'objectif est clairement de définir les bases d'Internet pour un utilisateur mobile basé sur des terminaux hétérogènes. Ces travaux dans le contexte des systèmes de défense ouvrent la voie à des études pour des applications civiles. En 1995, l'Internet Engineering Task Force (IETF) créa le groupe *Mobile Ad Hoc Networks* ou (MANET) pour étudier les réseaux ad hoc dans le contexte de l'Internet [Lab06].

Le progrès des MANETs ne cesse de se développer surtout dans le domaine militaire. En mars 1997, l'armé de terre des états unis d'Amérique (USA) *US Army* avait implémenté largement les réseaux mobiles sans fil, à base de paquets et qui utilisent la technologie multi-sauts [Per01]. Ce développement est concrétisé par les systèmes (EPLRSs) *Enhanced Position-Location Reporting Systems* et (SINCGARS) *Single Channel Ground-Airborne Radio Systems*. On cite aussi, (ELB ACTD) *Extending the Littoral Battlespace Advanced Concept Technology Demonstration* en avril 1999 ; c'est un système qui avait démontré la faisabilité des communications entre les bateaux en mer et les marines (les soldats américains) situés sur terre par l'intermédiaire d'un relais aérien.

Jusqu'au aujourd'hui, les recherches sont de plus en plus en augmentation ainsi que plusieurs groupes de recherche : académiques, professionnels travaillent sur les MANETs à savoir le groupe *Internet Engineering Task Force MANET Working Group* (IETF MANET WG).

2.4   PRNET : le premier réseau mobile ad hoc

2.4.1   Présentation du réseau PRNET

Comme nous avons vu dans la section précédente, la première apparition d'un réseau mobile ad hoc était en 1973 par le réseau PRNET *Packet Radio Network* conçu dans le cadre du programme DARPA affilié au département de la défense des USA.

PRNET est le réseau sans fil de paquets et mobile où ses entités ne sont pas soumises à une infrastructure fixe. Il permet la communication de données sous forme de paquets supportés sur des ondes radio sans aucun contrôle centralisé. La propagation des paquets est effectuée en mode multi-sauts (multihop). Ceci signifie qu'un paquet envoyé par une entité source peut passer par plusieurs commutateurs pour arriver au destinataire.

On distingue deux types d'entités (de nœuds) de PRNET : les machines de traitement et les postes radio (appelés ultérieurement radio). On remarque que chaque machine est équipée d'un radio. Les deux types de nœuds peuvent émettre et recevoir des données sous forme de paquets. De plus, la connexion entre une machine et sa propre radio est de nature filaire en revanche, la connexion est sans fil (par ondes radio) entre les postes radio.

Il peut y avoir des postes radio qui ne sont pas connectés à des machines de traitement ; ils sont utilisés pour la communication dans le réseau et pour la commutation. La figure 2.1 présente l'architecture d'un réseau PRNET.

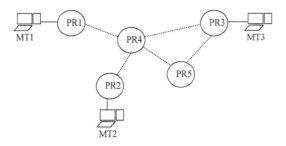

Figure 2.1 : L'architecture du réseau PRNET

2.4.2   Caractéristiques du réseau PRNET

- *Transmission en diffusion (Broadcasting) et en multi-sauts (Multihop)*

PRNET est un réseau sans fil et mobile dont le mode de propagation de données dans le réseau est de diffusion. Si un poste radio veut envoyer un paquet, il doit le diffuser en le transmettant vers tous les nœuds voisins et ainsi de suite jusqu'à l'arrivée au destinataire. La transmission est souvent indirecte, c'est-à-dire, qu'elle passe d'un nœud à un autre nœud intermédiaire et ainsi de suite. On dit alors que la transmission est en multi-sauts, ce qui caractérise le PRNET.

- *L'auto-initialisation et L'auto-configuration*

Le réseau PRNET est un réseau très automatique. Il commence avec une initialisation automatique en absence presque complète de l'opérateur humain. Concrètement, chaque nœud début son fonctionnement par la détection automatique de ses voisins, la collection des informations utilisées pour le routage et le rassemblement de données concernant la machine maîtresse sur laquelle le nœud est relié (dans le cas où le nœud est un poste radio). Par la suite et périodiquement, le réseau s'auto-configure d'une façon aussi automatique. Par conséquent, tous les postes radio collectent et maintiennent des informations sur la topologie du réseau entier dont le stockage de ses informations va être dans trois tables différentes associées à chaque poste radio.

A. Table des voisins

Chaque poste radio possède une table qui contient ses propres voisins directs (un voisin situé à un saut). La connaissance d'un voisin est assurée par l'envoi périodique d'un paquet appelé (PROP) *Packet Radio Organization Packet*, ce qui aide à connaître l'existence d'une entité voisine.

La table des voisins ne rassemble que les voisins qui ont démontré une qualité de liaison suffisante. Cette qualité est calculée en fonction du nombre de paquets reçus à partir d'un voisin et pendant un intervalle de temps bien précis. On dit alors, que la liaison est *stable*.

B. Table de routage

C'est une table associée à n'importe quel poste radio du réseau. Dans cette table, on inscrit tous les nœuds destinataires possibles. Plus précisément, on enregistre l'identité de chaque poste radio vers lequel les paquets peuvent être orientés. On enregistre aussi, le nombre de sauts restants avant l'arrivée à la destination.

La table de routage est construite à l'aide des paquets (PROP) et elle permet avec la table des voisins à chaque poste radio de connaitre ses voisins directs (situés à un saut) et ses voisins de deux sauts et de trois sauts et ainsi de suite. En d'autres termes, par la réitération de ce principe, chaque radio peut obtenir la distance en nombre de sauts et l'identité de tous les radios par lesquels doit passer le paquet pour arriver à sa destination.

C. Table des machines

Cette table appartient seulement aux machines de traitement. Elle contient les informations de liaison entre la machine et son propre poste radio. Ce dernier reçoit périodiquement un paquet de contrôle à partir de sa machine maîtresse à travers le lien filaire. Ceci à pour but la communication d'un paquet (PROP) aux voisins du poste radio en confirmant son existence avec sa machine dans ce contexte mobile.

- **L'accès au canal radio**

Pour que chaque radio puisse émettre ses propres paquets, elle doit être capable d'accéder au canal radio (Médium). Ce canal est caractérisé par sa nature de partage entre toutes les autres radios.

Par conséquent, PRNET utilise le protocole (CSMA) *Carrier Sense Multiple Access* pour l'accès au médium.

- **Le routage dans PRNET**

Comme PRNET est un réseau mobile ad hoc, alors chaque nœud du réseau joue le rôle d'un routeur. Pour permettre l'arrivée d'un paquet à une destination, l'émetteur envoie son paquet vers la radio associée. Cette dernière diffuse le paquet. Les radios qui reçoivent ce paquet doivent vérifiées si elles

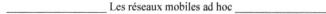
sont le destinataire. Si c'est le cas alors, le paquet est très bien reçu sinon, on doit le retransmettre. Si la radio reçoit le paquet pour la première fois alors, elle diffuse sinon, elle doit le retransmettre mais selon une politique de routage plus fine. Cette politique est basée sur l'utilisation des en-têtes dans les paquets (un en-tête de bout en bout et un en-tête de routage), ce qui mène vers un bon routage avec l'optimisation de l'usage des ressources du réseau.

2.5 Définitions et caractéristiques d'un réseau mobile ad hoc

2.5.1 Définitions d'un réseau mobile ad hoc

Le domaine des réseaux mobiles ad hoc est un domaine relativement nouveau. Il a pris son grand progrès dès les années 90s et il est aujourd'hui l'objet de plusieurs recherches de base. Les chercheurs dans ce contexte ne se sont pas mis en accord pour une définition unanime des réseaux mobiles ad hoc. Cependant, plusieurs initiatives pour définir les MANETs ont été proposées.

Une première définition a été donnée par Marcker où il considère qu'un réseau mobile ad hoc est une collection de plateformes mobiles appelées nœuds dont chacune circule d'une manière libre et arbitraire. Dans un MANET, chaque nœud joue le rôle d'un routeur qui peut être constitué de plusieurs dispositifs de communication sans fil. On note, qu'un nœud peut être connecté à un autre réseau tel qu'Ethernet dans les véhicules mobiles.

Le terme MANET décrit un réseau distribué, mobile, sans fil, à propagation multi-sauts, et qui fonctionne sans le bénéfice d'aucune infrastructure fixe à l'exception des nœuds eux-mêmes.

L'acronyme MANET est relativement nouveau, mais le concept des réseaux radios de paquets mobiles fait référence aux années 70s, où tous les nœuds sont mobiles, le routage est sans fil et en multi-sauts (store and forward) [Mar98].

Une autre définition a été proposée par Stallings dans laquelle il définit un réseau mobile ad hoc en tant que réseau pair à pair (peer to peer) (absence de commutateur ou de routeur intermédiaire, ni de serveur central) établi temporairement pour des besoins de communications immédiates. Dans les réseaux mobiles ad hoc, il n'y a pas d'infrastructure où un groupe de stations partenaires se trouvant toutes dans la portée des autres peuvent se configurer dynamiquement pour former un réseau local sans fil ad hoc [Sta05].

Selon Alagha, le réseau ad hoc est un réseau sans infrastructure fixe dont la portée de transmission des équipements sans fil détermine les terminaux qui peuvent communiquer directement les uns avec les autres, ce qui définit la structure du réseau. La communication doit aussi être possible entre les terminaux non à portée directe, ce qui implique que les mobiles sont capables de s'auto-initialiser et de s'auto-reconfigurer à l'issue de mouvements des mobiles sans aucune intervention humaine. Le réseau peut être connecté à l'Internet par le biais de points d'accès [Ala05].

Une autre importante définition a été donnée par Labioud qui affirme que de point de vue terminologique, Ad hoc est un adjectif constitué de la locution latine *ad* signifiant «à» et du pronom démonstratif *hoc* signifiant «cela» dont la concaténation veut dire *à cet effet* qui convient à un usage déterminé.

Un réseau mobile ad hoc est un ensemble de terminaux mobiles indépendants de toute infrastructure, communicant par des ondes radio, où chacun de ces terminaux offre un service de relais consistant à accepter un message qui ne lui est pas destiné afin de le réémettre vers un autre terminal du réseau qui est hors de la portée radio de l'émetteur initial de ce message [Lab06].

Après une étude des définitions précédentes et selon les caractéristiques des réseaux mobiles ad hoc, on peut suggérer la définition suivante :

Un réseau mobile ad hoc (Figure 2.2) est un réseau de communication comporte un ensemble de nœuds qui peuvent être des ordinateurs ou des installations informatiques. Ces nœuds sont mobiles, se déplacent d'une façon arbitraire et en communication entre eux d'une manière directe (un saut) ou d'une manière indirecte (multi-sauts) par des liaisons sans fil en utilisant comme support de transmission de données les ondes radio. Le réseau mobile ad hoc est caractérisé par l'absence de tout forme d'infrastructure fixe ou de control centralisé ce qui implique que chaque nœud peut jouer le rôle d'un routeur. Le MANET peut être connecté à un autre réseau du même type ou de type différent par le biais de points d'accès.

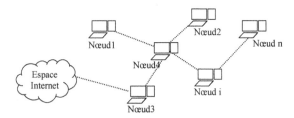

Figure 2.2 : L'architecture d'un réseau mobile ad hoc

2.5.2 Caractéristiques d'un réseau mobile ad hoc

- *Mobilité des nœuds et dynamique de la topologie*

Dans un réseau mobile ad hoc, tous les nœuds sont mobiles à tout instant et à tout endroit. Le déplacement d'un nœud est arbitraire et aléatoire. Ceci implique que la topologie du réseau est très dynamique, c'est-à-dire, qu'elle change instantanément.

• **Absence d'une infrastructure fixe**

Une propriété importante et qui fait la différence avec les autres types de réseaux sans fil c'est l'absence d'une infrastructure fixe. Il n'existe pas une architecture géographique permanente ; c'est l'absence totale de stations de base, de serveur, d'opérateur et de superviseur central.

• **Liaison à base d'ondes radio**

Tous les nœuds sont interconnectés par le biais d'ondes radio quelque soit leur type d'ondes : micro-ondes, infrarouge, ondes étroites etc. Ce support de transmission de données hertzien peut mener vers un taux d'erreurs binaires (BER) *Bit Error Rate* plus élevé que les connexions filaires, à cause de la nature de la transmission sans fil telle que l'existence de l'interférence, le bruit, l'accès multiple au canal etc.

• **Débits de transmission et bande passante limités**

Une caractéristique commune entre les communications sans fil est le débit de transmission inférieur à ceux des communications filaires. Cette limite peut atteinte de la congestion importante lors des transmissions. De plus, la bande passante est limitée. Elle dépend de type d'ondes radio utilisé.

• **Limitation d'énergie et de sécurité**

En raison de la mobilité, les nœuds d'un réseau mobile ad hoc sont équipés d'une source d'énergie transportable (Batterie). Elle possède une capacité limitée et doit être rechargée périodiquement. De plus, d'autant que ces réseaux sont caractérisés par l'absence d'une infrastructure fixe, ils sont très sensibles aux menaces des écoutes, des usurpations d'identité et par déni de service [Lab06].

• **L'accès partagé au médium**

Le médium dans les réseaux mobiles ad hoc est de type radio. Il est organisé en canaux physiques dont chacun est affecté à une communication. L'usage actuel des MANETs, affecte à la fois un canal à une communication. L'usage des canaux multiples dans les réseaux mobiles ad hoc reste actuellement un sujet de recherche [Lab06].

L'utilisation concurrentielle du médium oblige l'application d'une politique précise pour arriver à son exploitation ; il s'agit d'une gestion de canal connaît sous la notion : le protocole de contrôle d'accès de médium (MAC) *Medium Access Control*. Au début des années 70s, les réseaux mobiles ad hoc utilisent un protocole appelé Aloha qui souffrait du problème de la collusion.

Par la suite, un autre protocole amélioré est appliqué ; c'est le protocole (CSMA) *Carrier Sense Multiple Access*. Ce protocole est plus performant que le précédent, mais il engendre une réduction de débit. Alors, pour éviter cette limite et pour améliorer l'impact sur la couche protocolaire supérieure (la couche réseau), nous utilisons pour la couche liaison de données (partie MAC) le protocole IEEE 802.11b qui est la technologie actuelle la plus utilisée pour la communication des données au environnement radio mobile. Dans ce protocole, on utilise la variante CSMA/CD *Carrier Sense Multiple Access Collision Avoidance* pour l'accès partagé au médium [Lab06].

- *L'inondation*

Les réseaux mobiles ad hoc sont des réseaux nomades en l'absence d'une infrastructure fixe, une grande dynamique etc. Ces propriétés imposent une politique de découverte de la topologie de l'entier réseau pour chaque nœud. Cette politique démarre par une ignorance totale de l'organisation du réseau. Les protocoles utilisés se basent sur les échanges de messages entre les nœuds. Cet échange est qualifié d'inondation (Flooding).

L'inondation est l'opération d'émettre un message par un nœud aux autres nœuds, que se soit directe qui sont à la portée radio de l'émetteur ou indirecte par le biais d'un nœud intermédiaire. Ces messages ont pour objectif la découverte du réseau entier pour chaque nœud. Cette découverte est utilisée principalement par le routage. La technique la plus utilisée jusqu'à présent par les MANETs est appelée l'inondation aveugle (Blind flooding). Cette technique souffre de plusieurs inconvénients tels que la saturation du réseau et la collusion causée par la retransmission inutile de plusieurs messages.

2.6 Propriétés de conception d'un réseau mobile ad hoc

Pour concevoir un réseau mobile ad hoc, on doit prendre en compte quelques propriétés de base [Per01]. Cette préoccupation est effectuée selon les différentes technologies existantes et selon les objectifs d'installation du réseau mobile ad hoc et des moyens permis.

2.6.1 Densité du réseau

C'est le nombre de nœud qui constitue le réseau mobile ad hoc dans la zone géographique qui correspond. Ce facteur est considéré comme un des facteurs de conception des réseaux mobiles ad hoc.

2.6.2 Connectivité

Pour un nœud quelconque, la connectivité représente le nombre de ses voisins où chaque voisin peut être en liaison directe avec le nœud en question. Cette connectivité peut être unidirectionnelle ou bidirectionnelle. Le choix dépend de la situation du réseau. On choisit souvent la connectivité unidirectionnelle pour éviter les interférences.

2.6.3 Topologie du réseau

Il s'agit de l'architecture du réseau et la position géographique des nœuds qui le composent. La topologie des réseaux mobiles ad hoc est très changeable à cause de la mobilité très fréquente des nœuds (insertion de nœuds, suppression de nœuds, mouvement de nœuds).

2.6.4 Format de données transmises

C'est le type de données à transmettre aux cours des communications radios. Ces données peuvent être de type paquets courts, mais elles ne seront pas générées une autre fois en empêchant la perte de données. Un autre format qui peut prendre les données transmises c'est les paquets longs qui sont gérés périodiquement dans des délais très stricts avec la tolérance de la perte de données. Un troisième format, c'est la combinaison des deux précédents avec une priorité ou pas d'un type par rapport à l'autre. On doit préciser aussi, si tous les nœuds ont le même format de données à transmettre ou sont différents.

2.6.5 Environnement opérationnel

C'est le type d'environnement dans lequel existe le réseau. Il peut être urbain, rural, maritime etc. Cette précision aide à étudier l'interférence qui peut être causée par l'environnement.

2.6.6 Energie

Pour concevoir un réseau mobile ad hoc, il faut prendre en considération la particularité de la limitation de l'énergie pour chaque nœud. Dans ce contexte, les nœuds possèdent des batteries limitées. Par conséquent, on doit définir des politiques pour conserver le maximum d'énergie.

2.6.7 Régularité

Dans les réseaux mobiles ad hoc, on doit respecter des normes sociales, sanitaires et environnementales. Ce respect entre dans le cadre de préserver le maximum de protection pour les êtres vivants et pour l'environnement. Pour cela, il faut utiliser des ondes radio qui ne dépassent pas les fréquences dangereuses. De plus, parfois il est préférable de posséder des autorisations d'utilisation des bandes passantes telles que les bandes industrielles, scientifiques et médicales (ISM) *Industrial, Scientific and Medical bands*. Une telle autorisation peut aider à obtenir à de bonnes et de saines transmissions et d'éviter les interférences.

2.6.8 Coût

La conception des MANETs se préoccupe du coût. Ceci peut mener vers un compromis entre le coût et la performance. Le choix doit être équilibré entre ces deux paramètres.

2.7 La qualité de service dans les réseaux mobiles ad hoc

Plusieurs recherches visent la qualité de service pour les communications d'une façon générale et particulièrement pour les réseaux mobiles ad hoc. Il s'agit de définir un ensemble de règles qui doivent être respectées par les réseaux mobiles ad hoc afin de garantir une qualité meilleure de services offerts par le réseau. Les applications qui exigent la qualité de service (QoS) *Quality of Service* cherchent à augmenter la spécificité et la diversité des options et des profits des réseaux tels que la qualité de données transmises, la transmissions de différents types de données (vidéo), l'optimisation de la durée de communication, la transmission temps réel etc.

Dans cette section nous définissons la qualité de service puis, nous envisageons les facteurs de difficultés dans les réseaux mobiles ad hoc qui exigent ce type de qualité. Nous évoquerons par la suite l'architecture de la qualité de service.

2.7.1 Définition de la qualité de service

Le comité consultatif international de télégraphie et de téléphonie CCITT avait proposé une définition par la recommandation E800 qui a été connue un grand succès et qui a été acceptée par la communauté internationale. Le CCITT considère que la qualité de service est l'effet collectif des performances du service déterminant le degré de satisfaction de ce service [Lab06].

La qualité de service peut être répartie en niveaux. Pour la transmission physique de données, on étudie la technologie de transmission, et pour la liaison de données on envisage une certaine équité entre les flux au niveau de l'utilisation de médium radio. On envisage aussi, le contrôle d'erreurs et de flux. Un autre niveau d'étude, c'est l'acheminement de paquets de données (le routage).

La préoccupation de la qualité de service conduit à un essor technologique et économique très important à savoir la possibilité de communiquer les différents types de données, mêmes les plus complexes telles que les images animées. La qualité de service peut aussi améliorer et optimiser les délais des interactions, peut assurer la priorité de transmission de paquets si nécessaire et de bien exploiter la bande passante.

2.7.2 Les facteurs de difficultés dans les réseaux mobiles ad hoc

Nous avons vu à priori, que les réseaux mobiles ad hoc sont plus complexes que les réseaux filaires ou les réseaux sans fil avec infrastructure, à cause des leurs propriétés. Cette complexité rend la transmission de données plus complexe, ce qui implique la nécessité du développement d'un certain niveau de qualité de service [Lab06]. Les raisons pour lesquelles cette nécessité est plus importante sont les suivantes :

A. Interférences radios

La principale distinction des réseaux mobiles ad hoc par rapport aux réseaux filaires est la présence des interférences radios. On dit que la transmission d'un nœud est interférée avec celle d'un autre nœud lorsque le rapport signal sur interférence chez un récepteur est inférieur à un seuil donné.

B. Ressources limitées

Les capacités des ressources d'un réseau mobile ad hoc sont limitées et varies en fonction du temps. À titre d'exemple, la capacité du canal (Médium) est inférieure par rapport à la capacité du canal d'un réseau filaire. La capacité du médium pour un réseau Ethernet peut atteindre les 100Mbit/s, par contre elle est pour un réseau mobile ad hoc IEEE 802.11g de 54Mbit/s. De plus, la bande passante peut être diminuée de temps en temps à cause des interférences.

C. Forte dynamique

Les réseaux mobiles ad hoc sont caractérisés par leur dynamique liée à la mobilité des nœuds. Ceci permet la création facile d'un lien et alors un chemin, comme il permet aussi la destruction fréquente de cette route donc, pour améliorer la qualité de service, on doit prendre en charge cette dynamique des MANETs et cette sensibilité des liens radios.

On cite d'autres facteurs de sensibilité des liens radios : il s'agit de l'atténuation avec la distance, la présence des obstacles, l'existence de chemins multiples, les conditions atmosphériques. On ajoute aussi, l'asymétrie des liens radios. C'est qu'une extrémité entend l'autre, mais l'inverse n'est pas vrai. La probabilité d'existence d'un tel lien dans un réseau réel est non négligeable [Lab06].

D. Transmission multi-sauts et diffusion

En raison de la nature du réseau mobile ad hoc, un paquet ne peut arriver à sa destination que par un acheminement indirecte, c'est-à-dire, il doit passer par d'autres nœuds jusqu'à l'arrivée au destinataire. Ce passage indirect est causé par la limite de la portée du nœud émetteur (c'est la transmission multi-sauts). Une autre technique de transmission possible est la diffusion de paquets. Que ce soit la première ou la deuxième technique, elle doit être considérée pour l'amélioration de la qualité de service.

E. Contrôle décentralisé

Nous avons vu que les réseaux mobiles ad hoc sont des réseaux sans infrastructure fixe. Il n'existe aucun contrôle central. Ceci aide à éviter plusieurs problèmes tels que la congestion causée par les paquets de contrôle. Cette propriété doit être satisfaite par les recherches de l'optimisation de qualité de service.

2.7.3   L'architecture de la qualité de service

Les travaux relatifs à la qualité de service peuvent être structurés en cinq composantes :

A.   Modèle de qualité de service

Dans ce modèle, on étudie les flux de données en ce qui concerne la bande passante, le délai etc.

B.   Contrôle d'admission

Il s'agit de traiter l'acceptation ou non des flux de données pour améliorer le niveau des communications dans le réseau. On peut empêcher quelques paquets dans le cas où ils ne satisfont pas les contraintes de qualité. On étudie aussi, la priorité et les politiques de priorités des flux.

C.   Routage par qualité de service

Dans ce niveau, on cherche à trouver la meilleure route entre la source et la destination. On prend en compte plusieurs facteurs tels que la complexité de l'algorithme de routage, le nombre de sauts, la métrique de la bande passante, le délai effectué par la transmission etc.

D.   Signalisation de qualité de service

C'est l'estimation et le contrôle de la qualité de service au niveau local de chaque nœud. Elle a pour objectif l'optimisation locale de ressources et de services.

E.   Contrôle d'accès au médium avec qualité de service

La qualité de service au niveau MAC vise la possession des meilleures performances du médium et son partage entre les différentes liaisons du réseau. On trouve des ratifications qui entre dans ce cadre telles que IEEE 802.11b, IEEE 802.11e, IEEE 802.11g, IEEE 802.11i et IEEE 802.11n.

2.8   Les ondes radio utilisées pour les réseaux mobiles ad hoc

La connexion directe entre deux nœuds dans un réseau mobile ad hoc est assurée par le biais d'un support hertzien (les ondes radio). Chaque nœud est muni d'une interface sans fil qui joue le rôle d'un émetteur-récepteur ayant une portée bien définie appelée souvent la zone de couverture du nœud. L'utilisation de la technologie sans fil est fortement évoluée au cours des années 90s. Cette évolution est en raison de la mise en place des normes et de la baisse des prix des équipements sans fil.

Les deux technologies principales actuelles sont le standard IEEE 802.11 et la technologie Bluetooth [Ala05].

2.8.1 IEEE 802.11

La norme IEEE 802.11 (ISO/CEI8802.11) est un standard international mis en place pour les réseaux locaux sans fil, que se soit avec infrastructure ou sans infrastructure (les réseaux mobiles ad hoc). Cette norme était développée en 1997, puis des révisions ont été apportées à la norme originale afin d'optimiser le débit [Wik07].

En 1999, une extension d'IEEE 802.11 a donné lieu au standard IEEE 802.11b qui fonctionne dans la bande de fréquences 2.4 Ghz et offre un débit de 11 Mbit/s. Ce standard a connu un réel succès et un grand nombre de produits qui sont disponibles sur le marché [Ala05]. Cette norme a été par la suite ratifiée pour atteindre le débit de 54 Mbit/s sous le nom de IEEE 802.11a et IEEE 802.11g.

Les réseaux mobiles ad hoc ont trouvé dans IEEE 802.11, un important support de données grâce à la fonction de coordination distribuée (DCF) *Distributed Coordination Function*. Cette norme se base sur le protocole CSMA/CA pour le contrôle d'accès au médium (MAC). Par conséquent, il est maintenant la technologie prédominante sur le marché. On note que cette technologie souffre d'un inconvénient majeur ; il s'agit du faible débit réel par rapport au débit théorique d'IEEE 802.11.

2.8.2 Bluetooth

La technologie Bluetooth permet de créer des liaisons radio permanente de faible portée. Elle a été développée initialement en 1994 par le fabricant suédois de téléphonies mobiles *Ericsson*, pour permettre la composition d'appels téléphoniques depuis un ordinateur portable via un téléphone mobile. Les liaisons Bluetooth fonctionnent dans la bande de fréquences de 2.4 Ghz, mais pour des équipements qui ne dépassent pas les 10 mètres d'éloignement.

Deux entités communicantes peuvent partager jusqu'à 720 Kbit/s. Le Bluetooth a été prévu pour pouvoir fonctionner dans des environnements impliquant de nombreux utilisateurs. Il peut y avoir jusqu'à huit équipements communicants dans un petit réseau appelé *piconet*, et dix piconets peuvent coexister dans une même zone constituant par association un *scatternet*. Chaque liaison est codée et protégée contre les écoutes clandestines et les interférences [Sta05].

Pour utiliser la technologie Bluetooth actuelle pour la communication entre les mobiles à portée de communication dans les réseaux mobiles ad hoc, on doit ajouter un protocole pour construire et maintenir le scatternet [Ala05].

35

2.9   Le routage dans les MANETs

Les réseaux mobiles ad hoc sont des réseaux de communication sans infrastructure, caractérisés par une topologie très dynamique avec une limitation de bande passante et d'énergie. Les MANETs se constituent d'un ensemble de nœuds égaux, mobiles et équipés de dispositifs de liaison radio.

Chaque nœud possède une portée radio. C'est une zone géographique appelée zone de couverture, dans laquelle les ondes radio du nœud peuvent être déployées. Dans ce type de réseau, il n'existe aucun nœud superviseur. Par conséquent, un nœud peut envoyer son paquet à un autre nœud par deux manières possibles. D'une façon directe (un saut), si le nœud destinataire est situé à la portée de l'émetteur ou d'une manière indirecte (multi-sauts) dans le cas inverse.

Dans ce contexte particulier, il faut définir des politiques pour acheminer les paquets de données d'un nœud à un autre dans le réseau. Il s'agit du routage. Donc, le problème pour un nœud source qui souhaite envoyer un message à un autre nœud destinataire du même réseau ; est de déterminer l'ensemble des nœuds du réseau par lesquels le message va être relié de proche en proche via le médium radio pour atteindre le destinataire [Lab06].

Il existe plusieurs travaux de recherches dans cet axe qui essayent d'assurer le maximum de simplicité, d'auto-organisation, d'extensibilité, de qualité de service et d'économie d'énergie.

Dans cette section, nous allons évoquer brièvement, les différentes catégories de protocoles de routage dans les réseaux mobiles ad hoc en citant quelques exemples pour chaque classe. Il existe deux grandes catégories : le routage proactif et le routage réactif. On peut ajouter une troisième catégorie ; ce sont les protocoles hybrides.

2.9.1   Les protocoles de routage proactifs

Les protocoles de routage proactifs sont directement inspirés des protocoles de routage déployés dans l'Internet et sont donc des adaptations des routages à état de lien et à vecteur de distance. Ils ont pour caractéristique commune que chaque nœud du réseau ad hoc maintient localement une table de routage lui permettant d'envoyer des données vers n'importe quel nœud du réseau.

Dans ces protocoles, les terminaux échangent périodiquement des informations au-delà de leur voisinage direct pour maintenir en permanence des tables décrivant totalement ou partiellement le réseau pour pouvoir décider des routes à emprunter lors de l'émission d'un message ; ils sont parfois dénommés routage ad hoc *table-driven*. Suivant la fréquence de la mise à jour des tables de routage, et donc la fréquence d'envoi des messages de la mise à jour, ces tables sont plus ou moins fidèles de l'état de réseau. Plus la fréquence est élevée, plus le protocole est résistant à la dynamique du réseau [Lab06].

Il existe plusieurs protocoles de routage proactifs à savoir : DSDV (Destination-Sequenced Distence-Vector) [Per94], OLSR (Optimized Link State Routing), TBRPF (Topology Broadcast based on Reverse-Path Forwarding). OLSR et TBRPF sont maintenant devenus des ratifications expérimentales (RFC) [Jac03] et [Lew04].

Les protocoles proactifs souffrent de quelques inconvénients tels que :

• La perte dans la bande passante pendant la transmission des tables de routage,

• La perte dans la conservation de routes qui peuvent ne jamais être utilisées,

• Les simulations ont montré que plusieurs protocoles proactifs tels que DSDV ne sont pas applicables pour les réseaux de grand échelle.

Pour cette catégorie, nous expliquons le protocole de routage OLSR comme exemple.

OLSR (Optimized Link State Routing)

Il peut être considéré comme une adaptation au monde des réseaux ad hoc du protocole OSPF (Open Shortest Path First) déployé dans l'Internet filaire. Tous les deux sont des protocoles à états de liens où les nœuds diffusent à l'ensemble du réseau de façon périodique l'état des liens qu'ils perçoivent dans leur voisinage. L'adaptation pour les réseaux mobiles ad hoc consiste pour l'essentiel à optimiser cette opération de diffusion globale ou inondation.

OLSR définit le concept relais multipoints pour limiter le nombre de retransmissions de message pendant les opérations nécessaires d'inondations. Il utilise deux types de messages de contrôle : les messages HELLO et les messages TC pour le contrôle de topologie. Les messages HELLO servent à un nœud de MANET pour découvrir son environnement proche qu'OLSR définit comme l'ensemble de ses voisins directs et des voisins directs de ces derniers. Les messages HELLO émis par un nœud contiennent l'ensemble des nœuds qui sont voisins directs de celui-ci et un indicateur précisant si le lien avec chacun des ses voisins est bidirectionnel ou unidirectionnel.

Un lien est entre le sommet 'n' et l'un de ces voisins 'v' est dit unidirectionnel si 'n' a reçu un message HELLO de 'v', mais que dans ce message 'n' ne trouve aucune référence à lui-même. Les messages HELLO émis entre les voisins directs de façon périodique permettent à chaque nœud de réseau de reconstruire localement la topologie complète de réseau à deux sauts autour de lui. Les messages de type TC émis par un nœud 'x' contiennent une information partielle sur l'état des liens de 'x' avec ses voisins. Pour diminuer la taille de cette information, un nœud 'x' indiquera l'état des liens qu'il possède avec l'ensemble des ces nœuds voisins qui l'ont sélectionné comme relais multipoints. Ces messages TC sont périodiquement émis dans tout le réseau via un processus d'inondation. Pour réduire le nombre des messages utilisés lors de cette inondation, un nœud 'y' recevant un paquet TC d'un voisin 'x', traitera ce paquet, mais ne le retransmettra que s'il est relais multipoints de 'x'. Chaque nœud du réseau conserve les paquets TC reçus de chacun des autres nœuds du réseau. Il peut reconstruire ainsi localement une vue de la topologie globale du réseau et calculer les routes vers chacun des nœuds via l'algorithme de Dijkstra pour obtenir le plus court chemin [Ube06].

2.9.2 Les protocoles de routage réactifs

Les protocoles de routage réactifs dans les réseaux mobiles ad hoc ne cherchent une route dans le réseau que lorsqu'un nœud désire envoyer un paquet. Ils n'utilisent donc de la bande passante que lorsqu'ils en ont besoin puisqu'ils ne maintiennent pas d'informations à jour sur le réseau quand ce n'est pas nécessaire.

En revanche, il peut s'écouler un temps plus ou moins long avant que la route soit construite et que le nœud puisse envoyer ses données [Ala05]. Actuellement, les protocoles de routage réactifs les plus connus sont AODV (Ad hoc On demand distance Vector) [Per97], DSR (Dynamic Source Routing) [Hu03], TORA (Temporally Ordered Routing Algorithm) [Par99] et ABR (Associativity Based Routing) [Toh99]. AODV est devenu une ratification expérimentale (RFC) [Das03].

De tels protocoles souffrent de quelques désavantages :

- Le retard pour trouver la route,
- L'inondation excessive peut conduire à un réseau saturé et bouché.

Nous expliquons comme exemple de cette catégorie le protocole AODV.

AODV (Ad hoc On demand distance Vector)

AODV est un protocole de routage réactif. Il reprend le mécanisme de découverte de route à l'aide des messages de contrôle RREQ (route request) et RREP (route reply) et de maintenance des routes à l'aide du message de contrôle RERR (route error). Il utilise le concept de routage à vecteurs de lien basé sur l'algorithme distribué de Bellman-Ford pour le calcul du plus court chemin. Il utilise des messages de contrôle de type HELLO entre les voisins directs. L'objectif de ces messages étant de vérifier l'état de liens, sachant qu'AODV ne gère que des liens symétriques. Il utilise une table de routage partielle puisqu'il suit le principe du routage réactif, c'est-à-dire que seules les requêtes de routes effectives permettent d'obtenir de l'information sur le réseau.

Lorsqu'un nœud désire envoyer un message de données à un autre terminal du réseau, il cherche une route dans sa table de routage. Si aucune route à destination de ce terminal n'a préalablement été découverte, un processus de découverte de route est activé par un processus d'inondation aveugle. Le nœud qui souhaite la mise à jour des tables de routage vers une destination génère un message de contrôle de type RREQ. Ce message est envoyé en diffusion à l'ensemble des voisins. Ce message contient l'identité du nœud initiateur, l'identité du nœud destination et la dernière valeur du numéro de séquence connu associer (pour s'assurer de l'actualité de la route) à cette destination. Chaque nœud qui relaie ce message RREQ en provenance du nœud initiateur 'x' reçu depuis un voisin 'v', place dans sa table de routage une entrée qui correspond à 'x' avec comme nœud suivant 'v'.

Lorsque le nœud destinataire reçoit le message RREQ en provenance de 'x', il possède donc maintenant une entrée vers 'x' dans sa table de routage. Il répond donc avec un message de contrôle RREP qui suit le chemin inverse du message RREQ et qui met à jour les entrées des tables de routage des nœuds intermédiaires, mais cette fois vers la cible initiale du message RREQ [Ube06].

On remarque que le protocole DSR est très proche de l'AODV cependant, il utilise le principe de routage source, c'est-à-dire que chaque nœud possède la route entière vers la destination voulue. Ce mécanisme est appelé un mécanisme de cache. Le nœud conserve les routes vers les destinations désirées pendant une certaine durée.

2.9.3 Les protocoles de routage hybrides

Ce type de protocoles permet de combiner les protocoles proactifs et les protocoles réactifs afin de ne garder que les avantages des deux catégories. Le protocole ZRP (Zone-based Hierarchical Links Routing Protocol) [Haa99] fait partie de cette classe.

ZRP (Zone-based Hierarchical Links Routing Protocol)

Dans ce protocole, chaque nœud spécifie autour de lui une zone de routage qui contient tous les nœuds se trouvant à un certain nombre de sauts radio de lui. Les différentes zones peuvent donc se recouper. A l'intérieur de chaque zone, un protocole de routage proactif est utilisé soit à vecteur de distance ou à état de lien [Cha07] [Ala05] cependant, entre les zones de routage, on utilise un protocole de routage réactif.

Si un paquet est envoyé à un nœud destinataire où le nœud source ne possède pas la route dans sa table de routage, il est supposé que la destination est localisée dans une autre zone. Dans ce cas, le nœud consulte les nœuds voisins pour envoyer la requête au delà de la zone ; il s'agit du routage entre zones qui utilise un processus similaire à celui de DSR. Un fois le paquet de requête atteint un nœud périphérique qui connaisse la destination, une réponse est envoyée vers le nœud source. ZRP est mieux adapté pour les MANETs les plus large cependant, il souffre du problème de l'inondation [Cha07].

2.10 Conclusion

Dans le présent chapitre nous avons présenté un aperçu général sur les réseaux mobiles ad hoc en commençant par leurs intérêts. Par la suite nous avons passé par leur histoire qui exige l'exposition du premier MANET en tant qu'exemple ; il s'agit du PRNet. Après, nous avons évoqué les différentes définitions et caractéristiques de tels réseaux. Dans ce chapitre, nous avons traité aussi les propriétés qu'on doit prendre en compte lors de leur conception. Deux autres aspects très importants présentés en plus et qui ne peuvent pas être vus loin des MANET ce sont la qualité de service et les types d'ondes radio utilisées pour la transmission. Enfin, nous avons illustré les différents types de protocoles de routage pour les réseaux mobiles ad hoc en exposant pour chacun un exemple. Le routage commence par la découverte de la topologie du réseau qui représente notre thématique dans cette étude. C'est l'objet du prochain chapitre.

Troisième chapitre

La découverte auto-organisationnelle de la topologie dans les réseaux mobiles ad hoc

Chapitre 3

La découverte auto-organisationnelle de la topologie dans les réseaux mobiles ad hoc

3.1 Introduction

Tout réseau est défini par sa structure ou son architecture. C'est un ensemble de nœuds et de liaisons entre ses nœuds. Une particularité des réseaux mobiles ad hoc concerne l'égalité des nœuds du réseau de point de vue fonctionnement. Alors, le MANET est qualifié d'un réseau *à plat*. Cette distinction par rapport aux autres types de réseaux conduit vers une absence totale de nœuds superviseurs ou contrôleurs. De plus, un MANET est caractérisé par l'absence de tout opérateur humain. Ceci implique une gestion automatique et non globale du réseau assurée au niveau nœud. Donc, chaque nœud prend l'initiative de traiter ses propres fonctions et de se servir d'une façon autonome et indépendante.

La fonction principale assurée par un nœud est la transmission. Pour les MANETs, il n'est pas évident qu'un nœud puisse acheminer ses paquets en l'absence d'une entité superviseuse qui fournisse les données de routage (dans la table de routage par exemple). Dans ce cas, il joue un double rôle à la fois : un émetteur/récepteur et un routeur. La difficulté réside sur le deuxième rôle où il n'existe pas une totalité de données sur l'entièreté du réseau. C'est un problème qui n'est pas soulevé pour les autres types de réseaux, grâce à la gestion supérieure (présence des commutateurs ou des routeurs). Donc, pour permettre un nœud d'acheminer ses propres paquets, il doit doter d'une connaissance globale à son niveau du réseau entier. C'est la découverte de la topologie. Une fois est atteinte, on peut router donc, on peut transmettre n'importe quel paquet vers n'importe que destination.

Pour les MANETs, il existe plusieurs protocoles de routage qui offre cette connaissance globale pour chaque nœud cependant, leurs méthodes de recherche de routes est aveugle c'est-à-dire qu'elle est basée sur la diffusion de paquets de découverte (appelés aussi des paquets de contrôle). Chaque nœud intermédiaire reçoit ce paquet, il le diffuse lui aussi et ainsi de suite. Ceci conduit souvent les réseaux à une situation d'inondation.

Nous proposons une nouvelle vue de résolution de ce problème où nous inspirons de la vie naturelle des abeilles afin d'essayer d'émettre le minimum possible de paquets de contrôle. Le processus chez les abeilles lors de la découverte de la nourriture est probabiliste (n'est pas exacte) mais il est réaliste et optimale. De plus, un MANET est un système complexe très similaire à la société des abeilles. Il est très actif par la mobilité, l'insertion et la suppression des nœuds et la découverte est automatique (aspect *auto-organisationnelle*).

Dans ce chapitre, on définit en premier lieu, la découverte auto-organisationnelle de la topologie, puis on met l'accent sur la problématique de notre étude ainsi que les objectifs souhaités. Pour traiter cette problématique, nous devons envisager les différentes règles de conception pour atteinte de la topologie. En suite, on présentera deux classes existantes de la découverte auto-organisationnelle de la topologie ; il s'agit de la classe des clusters et la classe des backbones. Enfin, on introduira d'une façon générale, notre contribution pour la découverte de la topologie, c'est « le système d'abeilles ».

3.2 Définition de l'auto-organisation

Le terme *auto-organisation* apparaît dans plusieurs branches de la science, jusqu'à ce jour, il n'existe pas une définition commune. Les chercheurs étudiaient l'auto-organisation en tant que phénomène existant, mais ils ont des points de vue différents dans leurs méthodes d'analyses [Sta03]. Ceci rend l'auto-organisation un axe de recherche interdisciplinaire et hétérogène [Pre05].

On trouve dans la littérature plusieurs définitions de l'auto-organisation. De point de vue terminologique, l'encyclopédie Wikipédia définit l'auto-organisation par le phénomène de la mise en ordre croissant, et allant en sens inverse de l'augmentation de l'entropie ; au prix bien entendu d'une dissipation d'énergie, qui servira à maintenir cette structure [Wik07].

Universalis à son tour considère que ce qui caractérise une auto-organisation au sens fort est l'absence de but défini à l'avance et l'émergence de ce qui apparaît, après coup, comme un comportement fonctionnel, c'est-à-dire ayant un sens [Uni07].

Selon Theoleyre et Valois, un système est dit organisé s'il possède une structure et un ensemble de fonctions associées. La structure a pour objet de structurer toutes les entités et faciliter leurs interactions. Les fonctionnalités ont pour but de maintenir la structure et de favoriser son usage pour répondre à des besoins déterminés. La notion d'auto-organisation fait référence à l'organisation d'un système sans interaction avec une entité extérieure et sans contrôle centralisé. Ainsi, l'auto-organisation doit nécessairement être basée sur des interactions locales de façon complètement distribuée [The06].

Une autre définition importante a été donnée par Staab, où il voit que tout système est un ensemble d'entités. Ce système est auto-organisé s'il possède une certaine structure et une certaine fonctionnalité. La structure signifie que les entités sont arrangées d'une manière particulière et en interaction (en communication) les unes avec les autres. La fonctionnalité signifie que le système entier accomplit une certaine tâche [Sta05]. Un système est dit auto-organisé, s'il est organisé sans aucune intervention ni contrôle central ou extérieur. Les entités individuelles sont en interaction directe entre elles d'une manière distribuée (chaque entité interagit avec sa voisine et ainsi de suite). L'interaction entre les entités est toujours locale [Pre05].

3.3 L'auto-organisation dans les réseaux mobiles ad hoc

L'auto-organisation est un paradigme essentiel dans les recherches récentes de la téléinformatique et en particulier pour les réseaux mobiles ad hoc. Ce concept est très adéquat aux systèmes qui sont qualifiés de systèmes à plat. Par conséquent, l'objectif majeur est de minimiser le maximum possible du besoin de toute configuration ou de toute maintenance non automatique.

A titre d'exemple, une des fonctionnalités auto-organisationnelles parmi les plus connues dans la téléinformatique est la configuration automatique de l'adresse IP pour les installations d'Internet. Plus concrètement, le protocole de configuration des sites dynamiques (DHCP) *Dynamic Host Configuration Protocol* a permis la possession automatique d'une adresse IP pour les ordinateurs connectés à l'Internet.

Pour les réseaux mobiles ad hoc, nous proposons la définition de l'auto-organisation suivante : c'est l'intervention locale effectuée par un nœud provoquée par une nouveauté qui peut être d'origine extérieure (l'univers externe) ou causée par les autres nœuds (insertion, suppression ou déplacement du nœud) ou par le nœud lui-même (déplacement etc.). L'auto-organisation permet d'émerger un comportement global à partir des interactions des nœuds locaux sans aucune administration centrale ni hiérarchie globale.

La préoccupation essentielle dans un réseau mobile ad hoc est de posséder d'une manière auto-organisationnelle une topologie du réseau entier pour chaque nœud. Cette possession est basée sur l'autonomie et l'hétérogénéité des nœuds et la propriété de la non structuration et la non hiérarchisation du réseau. La découverte auto-organisationnelle doit être occasionnelle ou périodique causée par tout événement nouveau qui intervient dans le réseau (mobilité, introduction de nouveaux nœuds, destruction ou détérioration de nœuds à cause de la limitation de l'énergie ou à cause de facteurs extérieurs etc.).

3.4 Paradigmes clés pour l'auto-organisation dans les réseaux mobiles ad hoc

Pour concevoir une fonction auto-organisationnelle d'un réseau quelconque, il faut respecter certains paradigmes. Ce sont les propriétés que doivent posséder le processus auto-organisationnel, qui est dans notre étude la découverte de la topologie. On remarque que pour une étude auto-organisationnelle d'un système complexe, plusieurs chercheurs se basent sur une méthodologie descriptive. Dans cette méthodologie, on observe le système complexe et son phénomène complexe à étudier qui est caractérisé par son auto-organisation, par la suite, on essaie de comprendre comment et pourquoi ce système évolue en se démarrant d'un ensemble d'interactions entre ses entités constituantes.

Cependant, une application auto-organisationnelle dans un réseau de communication exige une méthodologie constructive, c'est-à-dire qu'on doit définir des règles et des protocoles pour tirer parti de l'interaction entre les nœuds [Pre05].

On étudie quatre paradigmes proposés par [Pre05] :

- émergence d'un comportement global à partir de règles locales ;
- coordination implicite entre les nœuds ;
- minimisation des informations sur l'état du réseau ;
- adaptation dynamique à l'environnement.

3.4.1 Emergence d'un comportement global à partir de règles locales

Chaque nœud doit contribuer à la mise en place d'une solution et un comportement global. C'est à la base de règles locales que cette émergence est construite. Par exemple, pour un protocole de routage dans un réseau mobile ad hoc, on démarre d'un recueil local d'informations qui seront agrégées et diffusées au voisinage. L'exécution de ce protocole par tous les nœuds mène vers un comportement global ; c'est le routage de données. Ce principe est respecté par le protocole de routage à vecteur de distance (DSDV) [Per94].

3.4.2 Coordination implicite entre les nœuds

L'interaction locale entre les entités répond à un principe essentiel pour l'auto-organisation ; c'est le début du traitement (niveau microscopique). Cependant, ces interactions peuvent conduire vers des conflits et des erreurs d'intégrité. A titre d'exemple, l'attribution automatique d'adressage dans le réseau par des interactions locales et sans coordination explicite entre les nœuds peut résulte une situation conflictuelle où deux nœuds différents peuvent avoir la même adresse.

De l'autre côté, on ne peut pas permettre une coordination explicite car elle est bien adaptée aux systèmes centralisés [The06]. De plus, elle est très coûteuse pour les MANETs qui sont caractérisés par les limitations de ressources (si on charge un nœud par cette responsabilité). Pour arriver à une solution acceptable, on doit exploiter une coordination implicite entre les nœuds. C'est le profit total de toutes les informations circulant entre les nœuds (localement) afin de détecter et de corriger les situations conflictuelles.

3.4.3 Minimisation des informations sur l'état du réseau

Les réseaux mobiles ad hoc sont des réseaux très dynamiques et limités en ressources. Pour ces raisons, il faut définir une politique adaptative pour mémoriser seulement les informations utiles et récentes au niveau des nœuds. Pour cela, [Per05] propose deux approches : une proactive (DSDV) et l'autre réactive (AODV). Pour la première, chaque nœud envoie des demandes périodiques pour atteindre des informations nouvelles qui remplacent les anciennes. Pour la seconde approche, un nœud établit une requête seulement si nécessaire.

3.4.4 Adaptation dynamique à l'environnement

Le dernier paradigme qui doit être pris en charge pour réaliser une découverte auto-organisationnelle de la topologie d'un MANET est la capacité de s'adapter aux changements de la topologie du réseau qui peuvent survenus par la mobilité des nœuds. Cette adaptabilité doit être définie au niveau des nœuds, ce qui permet un changement de comportement local dans le cas d'un changement d'état local. Ceci, rend le réseau plus stable et robuste car il n y a pas d'impact sur le réseau entier. C'est l'auto-stabilisation du réseau [Sch93].

3.5 La découverte auto-organisationnelle de la topologie

La topologie de réseau est définie par l'architecture structurelle du réseau. Elle exprime certaine localisations des divers nœuds du réseau, leurs liens, et leurs organisations [Bit06b]. Cette découverte est la première étape pour tout processus de routage qui est considéré comme une fonction principale de la couche réseau. Pour les réseaux avec infrastructure tel que l'Internet, on peut trouver le protocole (SNMP) *Simple Network Management*

Protocol, protocole simple de gestion de réseau qui permet aux administrateurs réseau de gérer les équipements du réseau, de superviser et de diagnostiquer les problèmes réseaux liés aux matériels à distance [Sia99]. Pour les MANETs, les travaux dans ce domaine concerne les protocoles de routage où la découverte est la première phase de ces protocoles. On cite : DSDV, OLSR, AODV, DSR etc.

3.6 Problématique

Dans notre étude, nous étudions le problème de découverte auto-organisationnelle de la topologie dans les réseaux mobiles ad hoc [Bit08]. Nous cherchons à recueillir pour chaque nœud et à son niveau, toutes les informations liées à l'architecture du réseau par émergence et d'une manière auto-organisationnelle. Le résultat attendu c'est que chaque nœud peut collecter toute donnée qui concerne les autres nœuds, les liens existants et leur organisation (nombre de saut, état de lien, délais de transmission, les débits etc.). Ces informations peuvent être employées pour contrôler les transmissions, recueillir des données utiles, évite la congestion, optimiser le routage, découvrir les diverses ressources du réseau, optimiser la consommation de l'énergie limitée des nœuds etc.

Chaque nœud est en interaction directe avec un ensemble de nœuds qui sont situés à sa portée et en interaction indirecte avec un autre ensemble de nœuds qui n'appartiennent pas à sa zone de couverture. Cette découverte doit être adaptative et mise à jour que si nécessaire, c'est-à-dire, dans l'appartenance d'une nouveauté ; mobilité, insertion ou suppression d'un nœud etc.

3.7 Objectifs visés

D'après notre considération où on traite un réseau mobile ad hoc comme étant un système complexe, nous utilisons la technique de l'émergence offerte par ce type de systèmes afin de résoudre le problème de la découverte auto-organisationnelle de la topologie [Bit10a].

Pratiquement, pour un MANET, nous envisageons à faire émerger une architecture globale du réseau au niveau de chaque nœud sous forme d'un ensemble de données permettant d'organiser le réseau et de servir les différentes nécessités de chaque nœud.

Cette émergence globale représente une vision macroscopique qui est le résultat des échanges d'informations au niveau local (niveau nœud). C'est la vision microscopique. Le processus qui mène vers cette émergence doit être automatique et doit s'adapter à l'environnement et aux changements locaux.

3.8 Les classes d'approches pour la découverte de la topologie dans les réseaux mobiles ad hoc

Les recherches de l'auto-organisation pour les réseaux mobiles ad hoc conduisent vers une structure virtuelle (une topologie découverte). Ces recherches peuvent être réparties en deux classes principales. La première représente les structures en forme de dorsales (*Backbones*) qui à leur tour peuvent être répartis en deux sous classes : en Arbre et en Treillis. La deuxième classe principale est en forme de (*Clusters*) [The06].

Nous allons présenter les topologies d'arbres et de treillis et nous déterminons aussi, la topologie à base de clusters. Par la suite, nous exposons les limites de ces deux classes, et enfin nous présentons brièvement dans cette section notre contribution. Il s'agit d'une nouvelle approche appelée « *Système d'abeilles* » comme une solution adaptée aux réseaux mobiles ad hoc pour la découverte auto-organisationnelle de la topologie. Nous consacrons le prochain chapitre pour présenter notre contribution.

3.8.1 Classe des Clusters

La clusterisation est le découpage du réseau en zones homogènes appelées *clusters*. Un cluster peut être associé à une zone de services, à une zone géographique ou à une fonction donnée. Il existe de nombreuses propositions de construction de clusters non recouvrant dans les réseaux mobiles ad hoc. Néanmoins, les algorithmes classiques construisent des clusters tels que la distance (en nombre de sauts) entre tout membre du cluster et le chef du cluster soit au plus k [Lin97]. Le chef d'un cluster est le nœud de poids le plus important dans le voisinage [The06].

Les algorithmes basés sur les clusters présentent quelques inconvénients tels que l'existence d'un nœud chef de cluster ce qui est contradictoire avec le principe de l'égalité entre les nœuds dans un réseau mobile ad hoc. Les techniques des clusters souffrent aussi d'une robustesse assez faible du réseau causée par la présence d'un nœud central (le chef de cluster). En d'autres termes, si le chef de cluster tombe en panne, une partie importante du réseau sera handicapée. C'est de telle sorte un retour vers la notion de la centralisation.

3.8.2 Classe des Backbones

L'idée d'organiser un réseau mobile ad hoc sous forme de backbone vient de l'analogie avec les réseaux fixes. Une telle structure permet de fédérer les nœuds autour d'une dorsale, offre un support au développement de services réseaux et peut servir le lien naturel pour une interconnexion avec les réseaux fixes. Il existe plusieurs techniques de construction de backbone virtuel dans les réseaux mobiles ad hoc telles que CDS (Connected Dominating Set), RNG (Relative Neighborhood Graph) LMST (Localized Minimum Spanning Tree), etc. [The06].

Plusieurs inconvénients touchent les algorithmes backbone tels que l'existence d'une hiérarchisation qui ne s'adapte pas avec les réseaux mobiles ad hoc. Ces techniques sont analogues aux techniques des réseaux filaires qui sont totalement différents des MANETs. Un autre inconvénient similaire aux clustering ; il s'agit d'une faible robustesse du réseau. Aussi, les dorsale sont sous estimées à cause des boucles multiples qui sont générées par les applications des protocoles.

3.9 Une contribution pour la découverte de la topologie dans les réseaux mobiles ad hoc «Système d'abeilles»

Nous proposons ici un nouveau système pour la découverte de la topologie d'un réseau mobile ad hoc d'une manière auto-organisationnelle, que nous avons appelé le *Système d'abeilles*. Il a pour objectif de permettre à chaque nœud du réseau de rassembler toutes les informations concernant la topologie d'une façon automatique (aspect auto-organisationnel). Pour un nœud quelconque, on communique la situation des autres nœuds (la distance en nombre de sauts-, la qualité de lien, la direction sous forme d'un angle –pour permettre la transmission en mode point à point et pour éviter le broadcasting).

Ce système est inspiré du phénomène naturel de la communication par danses entre les abeilles. Ce phénomène avait été découvert par le savon et le prix Nobel autrichien Karl Von Frisch [Von67].

Nous obtenons comme résultat pour chaque nœud, une collection globale d'informations qui concerne l'architecture complète du réseau située dans sa propre table de routage.

Le système d'abeilles est un système adaptatif, auto-organisationnel caractérisé par un processus et une mise à jour réactive (actualisation liée à la mobilité et aux changements survenus sur le réseau) [Bit08].

3.10 Conclusion

Dans ce chapitre, nous avons présenté le concept de l'auto-organisation d'une manière générale et en particulier pour les réseaux mobiles ad hoc. Par la suite, nous avons envisagé la découverte auto-organisationnelle de la topologie pour les MANETs comme étant notre problématique en montrant clairement nos objectifs visés. En plus de ça, nous avons exposé deux classes importantes pour la découverte ; il s'agit de la classe des Clusters et la classe des Blackbones. À la fin du chapitre, nous avons introduire notre contribution « le système d'abeilles » pour résoudre ce problème. Ce système fait l'objet du prochain chapitre.

Quatrième chapitre

Le système d'abeilles

Chapitre 4

Le système d'abeilles

4.1 Introduction

Ce chapitre présente un nouveau système que nous avons proposé pour résoudre le problème de la découverte auto-organisationnelle de la topologie pour les réseaux mobiles ad hoc. C'est le système d'abeilles. Il est inspiré de la biologie des abeilles et en particulier, du phénomène naturel : la communication des abeilles par les danses. Ce système peut être considéré comme une nouvelle approche métaheuristique qui peut être utilisée pour résoudre les problèmes de type routage TSP (Traveling Salesman Problem), VRP (Vehicle Routing Problem) etc.

Dans un premier temps, nous décrirons de façon plus précise le problème de la découverte auto-organisationnelle d'un réseau mobile ad hoc. Il s'agit de mentionner la nature du réseau, les données, les résultats attendus, la méthodologie appliquée. Nous présenterons ensuite une description informelle du système d'abeilles dans le contexte nature (la colonie d'abeilles). A partir de cette description, nous projetterons la communication des abeilles dans le contexte des réseaux mobiles ad hoc. Par la suite, nous proposerons une spécification formelle pour notre système. Enfin, nous citerons les différents apports et qualités du système proposé et nous conclurons.

4.2 Description du problème

Depuis quelques années, les recherches sur les réseaux mobiles ad hoc ont progressé et particulièrement la résolution des différents problèmes par des techniques auto-organisationnelles et adaptatives [Dic04].

Pour le problème en question nous essayons de mettre à la disposition de chaque nœud les différentes données du réseau entier. Ces données vont être utilisées par la suite pour servir le nœud. Principalement, elles vont être utilisées pour le routage des paquets (concrètement, les données vont être organisées dans la table de routage du nœud).

Le réseau peut être vu en deux niveaux d'abstraction : le niveau microscopique (local) et le niveau macroscopique (réseau entier). Le niveau microscopique comporte les données locales du nœud : les différents nœuds qui sont à sa portée, les liens et leurs états, les délais de transmission, les débits etc. Ce niveau est caractérisé par une connaissance locale, une limitation des ressources du nœud, une hétérogénéité possible entre les nœuds.

Le niveau macroscopique concerne le réseau entier. Il représente la globalité des données et donc, le comportement global du réseau qui émerge à partir de l'ensemble des comportements locaux. Les MANETs, comme nous avons vu au deuxième chapitre, se caractérisent par une absence totale de toute administration centrale donc, le comportement global est un comportement émergent de manière implicite.

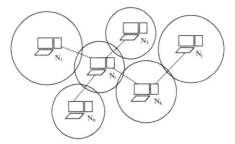

Figure 4.1 : Les liens directs et indirects entre les
nœuds d'un réseau mobile ad hoc

Dans la figure 4.1 nous remarquons qu'un réseau mobile ad hoc est constitué d'un ensemble de nœuds hétérogènes. Ils ont des portées différentes. Chaque nœud peut détecter dans son voisinage un sous ensemble de nœuds, mais il ignore l'existence des autres nœuds. Cependant, il peut rassembler les informations concernant les nœuds distants par un de ses voisins et ainsi de suite.

Par exemple, le nœud N_i est en liaison directe avec les nœuds N_1, N_2, N_k et N_n, Mais il ignore l'existence du nœud N_j.

Pour que N_i envoie un paquet à N_j, il doit connaître la route vers sa destination par le biais de N_k (en utilisant sa table de routage). La question qui se pose est comment N_i remplit sa table de routage par toutes les routes vers toutes les destinations possibles de manière auto-organisationnelle et optimales (le moins possible de paquets de découverte –paquets de contrôle-).

Nous essayons de trouver un processus qui va être exécuté localement par chaque nœud, et qui conduit vers une découverte globale du réseau entier. Pour les réseaux mobiles ad hoc, nous sommes obligés d'appliquer une méthodologie constructive pour découvrir la topologie ; nous proposons ainsi le système d'abeilles.

4.3 Description du système des abeilles

L'idée générale était survenue par des observations et une grande admiration d'un insecte très merveilleux ; c'est l'abeille. Plusieurs recherches en informatique s'intéressent à l'inspiration de phénomènes biologiques et de la vie naturelle telle que la vie des fourmis, de l'anatomie humaine, du système immunitaire, de la génétique etc. Les méthodes inspirées sont caractérisées par leurs résultats parfaits et raisonnable en terme de la complexité [Bit10b]. On se base sur des méthodologies parfaites qui ont été mise en place par le créateur.

L'abeille est un insecte formidable, intelligent, très organisé et très bénéfique. Une des propriétés les plus mystérieuses chez les abeilles ; c'est la communication. C'est ainsi que notre étude est basée.

Les abeilles se communiquent par un système qui est différent du système de communication humain. L'homme utilise la voix et le signe pour sa communication. Les abeilles sont très différentes. Elles ne possèdent pas un langage parlé mais elles utilisent des signes bien précis pour leurs communications.

La découverte de la communication des abeilles revint au chercheur Karl Von Frisch, un savant autrichien (1886-1982). Il avait découvert en 1919 la communication des abeilles. Von Frisch avait remarqué que les abeilles sont très organisées. Si une abeille découvert la nourriture, les autres abeilles gagnent aussi cette nourriture après certain temps.

Cette remarque avait conduit ce chercheur à bien observer ce phénomène. Après plusieurs observations et expériences, Von Frisch avait remarqué que l'abeille qui découvert la nourriture exerce deux types de danses. Ces danses permettent aux autres abeilles de suivre le chemin vers cette découverte [Von69].

Pour cela, Karl Von Frisch était récompensé par le prix Nobel de la physiologie et de la médecine en 1973.

En 1986, un groupe de chercheurs Allemands et Danois avaient confirmé ces recherches biologiques. Ils ont fabriqué un robot miniature dans la taille d'une abeille et capable d'effectuer ces deux types de danse. Ce robot est mis dans un essaim d'abeilles, puis il a été dirigé vers un champ de fleurs où il a réalisé les danses. Après quelques instants, on a remarqué que les autres abeilles regagnent la nourriture signalée par le robot [Mic86].

4.3.1 Description de la communication des abeilles

Des déplacements appelés « danses » jouent un grand rôle dans la communication entre les abeilles (type des ouvrières) au sein d'une colonie d'abeilles dans la ruche et leur permettent d'exploiter au mieux les ressources en nourriture de leur environnement. La découverte de nourriture est une mission assurée par une butineuses. Celle qui trouve une source de nourriture intéressante, elle est capable d'informer les autres abeilles sur la nature (quantité et qualité) et la localisation (direction et distance) de sa découverte.

C'est à Karl Von Frisch, dans son ouvrage Vie et mœurs des abeilles, que l'on doit la description et la compréhension des « danses » des abeilles. Aux autres ouvrières restées dans la colonie, l'abeille découvreuse indique la direction des fleurs particulièrement intéressantes à butiner par des danses. Selon la proximité de la source de nourriture, elle effectue deux types différents de danses. Elle émet également avec ses ailes un son particulier et transmet l'odeur du nectar. Les réceptrices restent en contact avec la danseuse. Ces danses exécutées sur les rayons d'alvéoles sont d'autant plus vives et de longue durée que le nectar est abondant et riche en sucre. Alertées, les abeilles jusque-là inactives s'envolent à la recherche de la nourriture [Von69].

Tout d'abord, l'abeille cherche la source de la nourriture (le nectar), puis elle communique cette découverte avec les autres abeilles en effectuant deux types de danse. C'est l'exécution d'une série de mouvements très stéréotypés. Les deux types de danse sont la *danse en rond* et de la *danse frétillante* [Von69]. La distinction entre les deux danses est en raison de la distance de la nourriture. Le résultat attendu alors, c'est que l'abeille communique la localisation de la nourriture. L'odeur de l'abeille signifie la qualité de la source trouvée.

En effet, elle transmet la distance et la direction de la nourriture. La distance est l'éloignement entre l'abeille découvreuse et la nourriture, tandis que la direction est mesurée en angle formé entre le soleil et la nourriture dont le centre de l'angle est l'abeille découvreuse.

4.3.1.1 La danse en rond *(la nourriture est à moins de 100 mètres)*

L'abeille découvreuse accomplit une danse dite en rond. C'est un mouvement en cercle où elle tourne sur elle-même à un rythme très rapide (8 à 10 tours en 15 secondes) (Figure 4.2) puis elle effectue un demi-cercle en sens inverse. Les autres abeilles déduisent ainsi que le nectar est situé dans un rayon de 100 mètres au maximum. On note ici, que la danseuse n'indique aucune information concernant la direction du nectar.

Figure 4.2 : La danse en rond [Tec07]

4.3.1.2 La danse frétillante *(la nourriture est au-delà de 100 mètres)*

Dans le cas où la source de la nourriture dépasse les 100 mètres, l'abeille accomplit le deuxième type de danses : c'est la danse frétillante (appelée aussi la danse en huit). L'abeille découvreuse décrit une courte ligne droite puis un demi-cercle pour revenir à son point de départ, parcourt à nouveau le diamètre, effectue un nouveau demi-cercle mais de l'autre côté et elle recommence. Pendant les trajets en ligne droite, le corps de la danseuse est porté en avant, les pattes fermement en contact avec le support et elle frétille rapidement à la manière d'un pendule (Figure 4.3).

En suivant la danseuses, les autres abeilles reconnaissent l'odeur de l'espèce de fleur à explorer, en plus des informations sur la direction de la ressource et elles obtiennent également sa distance par rapport à la colonie. La danse frétillante est d'autant plus rapide que la source de nourriture est proche et l'angle formé entre la verticale et l'axe de la danse rectiligne est le même que celui formé entre la direction du soleil et celle de la nourriture. Au fur et à mesure que le soleil tourne, la danseuse modifie l'angle de sa danse [Von69]. Même si le ciel est nuageux, l'abeille peut localiser l'endroit juste du soleil. Elle possède des yeux qui lui permettent cette localisation.

La distance qui sépare la source de la nourriture de l'abeille découvreuse est calculée à distance par les autres abeilles. De plus, la vitesse de la danse montre la précision de cette distance. Si la nourriture est plus près, alors les mouvements de la danse sont plus rapides et légers et vis versa.

Les recherches ont montré que si l'abeille effectue en moyenne 40 tours par minute, la distance est à peu près de 100 mètres. Si elle accomplit 24 tours par minute, la nourriture est à 500 mètres. Pour les longues distances (pouvant aller jusqu'à 11 kilomètres approximativement), la danse devient très lente et les oscillations de l'abdomen sont plus prolongées.

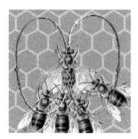

Figure 4.3 : La danse frétillante [Tec07]

Pour trouver la direction de la nourriture (Figure 4.4), l'abeille réalise sa danse par rapport au rayon vertical (la verticale), de sorte que l'angle de son axe avec le rayon vertical soit similaire à l'angle formé entre la nourriture et le soleil (dans l'horizon). La direction du soleil est donc représentée par la verticale, vue de bas en haut ; et l'angle que faisait la direction du butin avec celle du soleil est reproduit par rapport à cette verticale ascendante.

Si la découverte se trouve exactement dans la direction du soleil, la danseuse exécute son parcours rectiligne de bas en haut et s'il se trouve exactement dans la direction opposée, elle va de haut en bas. Si le butin est à 45° à gauche de la direction du soleil, l'abeille monte obliquement vers la gauche à 45° de la verticale ascendante et ainsi de suite. Les autres abeilles mesurent l'angle de sa danse en relation avec la verticale. Aussi, quand elles sortent de la ruche, elles retransmettent sur l'horizon ce qu'elles savent en utilisant le soleil comme direction de référence et volent alors vers la nourriture [Tec07].

Figure 4.4 : Schéma explicatif de l'éloignement
abeille-nourriture [Tec07]

4.3.2   Projection sur les réseaux mobiles ad hoc

Selon la définition, un réseau mobile ad hoc contient un ensemble de nœud reliés entres eux par des ondes radio. Un nœud peut être en liaison directe avec un autre nœud si ce dernier apparaît dans la zone de couverture du nœud en question. Il peut aussi être en liaison indirecte avec un nœud du réseau qui est en dehors de la zone de couverture du nœud en question via un ou plusieurs nœuds intermédiaires.

Ce modèle est très proche d'un essaim d'abeilles. Pour bien éclaircir la projection, nous partitions cette section en cinq paragraphes. Au début, nous présentons une projection de la structure générale essaim-MANET, par la suite nous illustrons au niveau nœud (niveau microscopique) les réactions et les interactions d'une entité réseau. Après, nous démontrons comment calculer la distance et la direction entre le nœud courant et le nœud découvert que ce soit en liaison directe ou indirecte. Enfin, nous déduisons le comportement global émergent (niveau macroscopique).

4.3.2.1 Projection structurelle

Par similarité du MANET à un essaim d'abeilles, les nœuds sont caractérisés par une forte mobilité. Pour un nœud quelconque, tous les autres nœuds sont soit à sa portée (en liaison directe), soit en dehors de sa portée, c'est-à-dire en liaison indirecte. C'est le cas pour les abeilles. Il y a des abeilles qui découvrent directement la nourriture, donc abeille-nourriture est une liaison directe, et il y en a d'autres qui découvrent la nourriture par le biais d'une autre abeille. Cette dernière communique l'information aux autres ; c'est une liaison indirecte.

Nous considérons que la colonie d'abeilles représente le MANET, dont la ruche représente le nœud source, la nourriture est le nœud destination et les autres abeilles de l'essaim représentent les nœuds intermédiaires. Le nœud destinataire est ignoré par le nœud source dans le cas où il n'appartient pas à sa zone de couverture. Cette recherche aboutit à une découverte de nœuds qui sont en dehors de la portée du nœud source par les nœuds intermédiaires qui sont en liaison directe entre deux nœud distant qui ne se connaissent pas et ainsi de suite, jusqu'au la connaissance de la destination.

4.3.2.2 Projection comportementale au niveau nœud

Nous construisons le comportement global à partir des comportements locaux au niveau des nœuds. D'abord, nous devons définir ce que doit effectuer un nœud, puis on met en place les règles d'interactions locales entres les nœuds et on prévoit ensuite le résultat ; c'est le comportement global émergent.

Pour projeter le comportement de la communication chez une abeille sur un nœud d'un MANET, nous proposons la communication de toute information nouvelle dans sa portée aux nœuds voisins (abeilles en liaisons directes). En d'autres termes, si une abeille découvre la nourriture, elle la communique aux autres abeilles qui ne possèdent pas cette information à priori. Si un nœud situé entre deux nœuds qui ne se voient pas, aide à transmettre les informations de sa découverte qui concernent le deuxième nœud au profit du troisième nœud alors le deuxième va connaître le troisième malgré leurs éloignements (Le premier nœud est en liaison directe avec les deux autres nœuds, tandis que le deuxième et le troisième sont en liaison indirecte par l'intermédiaire du premier Figure 4.5).

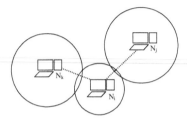

Figure 4.5 : Une liaison indirecte entre deux nœuds
N_k et N_j par l'intermédiaire de N_i

Dans ce schéma N_k et N_j sont à la portée de N_i (N_i est en liaison directe avec N_j et N_k). Par contre, N_j et N_k ne sont pas en liaison directe mais en liaison indirecte par l'intermédiaire de N_i. N_i représente l'abeille découvreuse, N_j représente la nourriture et N_k représente une autre abeille qui va bénéficier de cette découverte.

Comme nous avons vu dans la section précédente, un nœud quelconque observe et rassemble toutes les informations reliées aux nœuds qui sont à sa portée (distances, directions, états des liens, routes etc.). Par la suite, il va diviser les nœuds qui sont à sa portée en deux groupes. Le premier groupe rassemble les nœuds proches et le deuxième groupe rassemble les nœuds distants. Cette distinction est faite par le choix d'un seuil qui définit l'éloignement de ces nœuds.

Le nœud courant n'enregistre que la distance vers les nœuds proches (à moins du seuil défini). S'il veut communiquer avec un de ces nœuds proches, il doit diffuser (broadcasting) les paquets : ceci est similaire à la danse en rond.

Pour les nœuds distants dont la distance est supérieure au seuil défini, le nœud courant enregistre deux types d'informations : la distance comme pour le cas précédent et une nouvelle information c'est la direction. S'il veut communiquer avec un nœud distant, il doit juste envoyer les paquets en mode point à point (il n'y a pas de diffusion). Ceci aide à surmonter le problème de l'inondation du réseau. On simule dans ce cas la danse frétillante.

On note qu'à chaque changement causé par la mobilité tel que la pénétration ou la suppression de nouveaux nœuds, on recommence le recueil d'informations que si nécessaire et, on met à jour les données (les tables de routage) : c'est le principe de l'auto-organisation en mode réactif.

Pour simuler l'effet du soleil pour les abeilles, nous proposons que à chaque nœud doive posséder une boussole (une variable qui aide à la transmission point à point). Elle permet au nœud de calculer la direction (l'angle boussole-nord, boussole-nœud découvert).

En conclusion, chaque nœud transmet sa connaissance locale aux nœuds qui sont à sa portée (il transmet ses propres informations ainsi que les informations qu'ils reçoivent à partir des autres nœuds). Par itérations, ces informations mènent vers une découverte totale de la topologie de l'entier réseau au niveau de chaque nœud ; c'est le résultat atteint après notre expérimentation (chapitre 5).

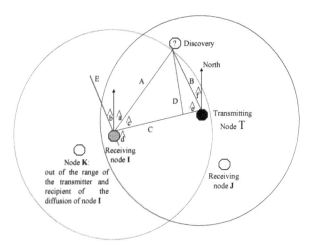

Figure 4.6 : La découverte de la topologie pour un réseau
mobile ad hoc

4.3.2.3 Calcul de la distance

Le calcul de la distance est effectué par le nœud en question dans le cas des nœuds proches et des nœuds distants par rapport à un seuil défini dans sa portée. Pour les liaisons indirectes, on doit accomplir quelques formules

[Bit08]. Dans la figure 4.6 nous expliquons le calcul pour trois nœuds. Le nœud en question (découvreur Node i), la découverte (Discovery) et le nœud bénéficiaire (Node T).

La distance qui doit être calculée est le sagement droit A.

Le nœud T connaît la longueur du segment droit B, et reçoit la longueur du serment droit B à partir du nœud A,

Nous avons : $C^2 = A^2 + B^2$ (la théorie de Pythagore),

donc, $A = \sqrt{C^2 - B^2}$

4.3.2.4 Calcul de la direction

La direction est représentée par un angle formé entre le nord trouvé par la boussole située au niveau du nœud, et le nœud découvert. Le nœud en question (courant) représente le centre de l'angle.

Le calcul de la direction se fait que pour les nœuds distants [Bit08]. Dans la figure 4.6 et pour les trois nœuds cités au-dessus :

On cherche à calculer l'angle $\hat{a}$

Le nœud T connaît l'angle : $\hat{f}$ (par l'usage de la boussole),

Nous avons : $\pi = \hat{a} + \hat{b} + \hat{c} + \hat{d}$ (un angle droit),

alors,, $\hat{a} = \pi - (\hat{b} + \hat{c} + \hat{d})$

Nous avons aussi : $\hat{b} = \hat{f}$ (une information reçue)

Nous proposons que la droite D et la droite C forme un angle : $\dfrac{\pi}{2}$

en conséquence, $Sin(\hat{c}) = \dfrac{D}{A}$ ...(1)

et, $sin(\hat{e}) = \dfrac{D}{B}$

donc, $D = sin(\hat{e}) \times B$ ...(2)

de (1) et (2) : $sin(\hat{c}) = sin(\hat{e}) \times \dfrac{B}{A}$

$\hat{d} = \hat{e}$ *(une information calculée par le nœud T)...(IV)*

donc, de (I), (II), (III) et (IV) l'angle $\hat{a}$ est connu.

4.3.2.5 Comportement global émergent

Chaque nœud introduit au réseau exécute le processus suivant. Il cherche les nœuds qui sont à sa portée, il fixe le seuil, il partage ces nœuds en deux : proches et distants puis, il calcule les différentes données (distance et direction pour les nœuds distants) et il enregistre ses informations dans une structure de données (sa table de routage à titre d'exemple). Par la suite, il transmet cette découverte aux nœuds qui son à sa portée et il reçoit d'autres informations à partir de ses nœuds qui sont à sa portée. Ceci est répété à chaque nouveauté survenue dans le réseau (aspect auto-organisationnel). Comme ça, le nœud collecte facilement les informations sur les nœuds qui sont à sa portée par les ondes radio (liaison directe) et il rassemble également les informations sur les autres nœuds qui sont hors sa portée (liaison indirecte) via ses voisins.

C'est Grace à la distinction entre nœud proche et distant, le nœud minimise le nombre de paquets de contrôle et donc, on gagne plus de débit et moins de retard et on évite la surcharge du réseau ainsi que l'inondation.

Donc, après certain temps, chaque nœud va posséder et va découvrir la totalité de la topologie du réseau qui est le résultat d'un échange local. C'est un comportement global qui a émergé malgré l'absence de toute coordination explicite et malgré l'absence de tout contrôle centralisé.

4.3.3 Spécification formelle

Dans cette section, nous présentons une spécification formelle sous forme algorithmique pour notre contribution. Il s'agit d'un algorithme complet qui doit être mis en place au niveau de chaque nœud et qui est divisé en deux procédures. La première concerne l'initialisation du processus de la découverte auto-organisationnelle, et la deuxième est exécutée à chaque changement qui peut intervenir sur le réseau (apparition d'un nouveau nœud, suppression d'un ancien nœud ou pour les déplacements).

Remarque :

La définition d'un seuil pour distinguer les nœuds proches des nœuds éloignés se fait par rapport aux capacités des nœuds. C'est une fonction qui dépond du nœud. Nous proposons la notation suivante utilisée dans les procédures.

$Node_i$	Nœud identifié par l'indice 'i'.
RTR_i	Portée (rayon d'ondes radio) du nœud 'i'.
CZ_i	Zone de couverture du nœud 'i'.
Dis_i^j	Distance entre le nœud 'i' et le nœud 'j'.
Dir_i^j	Direction déterminée par l'angle a pour centre le nœud 'i' et qui est formé entre le nord et le nœud 'j'.

Tableau 4.1 : Notation utilisée dans les procédures

Les procédures sont les suivantes :

A. L'initialisation

Cette procédure est exécutée pour chaque nœud lors de sa mise en fonction dans le réseau.

Initialization *(Pour chaque nœud) –exemple du nœud 'i'-*

/* Initialize */

Init*(Node$_i$) {*

/* Au niveau microscopique (chaque nœud), on considère que l'origine du repère est le nœud lui-même */

1   *RTR$_i$ ⟵ RTR (Node$_i$)*

2   *For (j ∈ CZ$_i$) {*

3   *NewInLis (j)*

4   *Dis$_i^j$ ⟵ Distance (Node$_i$, Node$_j$)*

5   *Dir$_i^j$ ⟵ Direction (Node$_i$, Node$_j$)*

6   *}*

}   / End of Init */*

- *Explication de la procédure **Init***

Cette procédure introduit l'état d'initialisation du nœud. Au début, elle détermine la structure de données qui représente les propriétés d'un nœud. Pour la première ligne, on fixe le rayon maximum qui peut atteindre des ondes radio du nœud (la portée). L'attribution de valeur de (RTR$_i$) se fait suivant la capacité et le type du nœud. Ce paramètre nous aide à définir l'ensemble de nœuds qui sont en liaison directe avec le nœud courant.

Par la suite, on enregistre d'un côté, tous les nœuds qui apparaissent dans la zone de couverture dans une table dynamique appelée *table de découverte* (ou la table de routage). De l'autre côté, on enregistre aussi les nœuds qui sont en liaisons indirectes (une découverte expliquée au-dessus). C'est le rôle de la procédure *NewInLis* (ligne 3). Ensuite, le nœud calcule toutes les distances et les directions (si nécessaire), avec tous les nœuds enregistrés dans la table de découverte (ligne 4 et 5). Il calcule également les distances et les directions avec les nœuds pour lesquels il est en liaison indirecte en les insérant à la table de découverte. Le calcul est expliqué dans les paragraphes précédents.

B.   Le changement au niveau nœud (la dynamique)

Dans le cas où il y a un changement dans la zone de couverture du nœud 'i', on exécute la procédure **Change**. On cite les cas dynamiques de changement : la pénétration d'un nouveau nœud, la disparition d'un ancien nœud, le déplacement du nœud 'i' ou du nœud 'j' qui existait déjà dans la zone de couverture (c'est la mobilité dans toutes ses formes).

Dans le cas où il y a un changement au niveau local : (Pour chaque nœud) – exemple du nœud 'i'-

/* Change */

Change(Node$_i$) {

1   If not (Displacement$_i$) {

2   Case Status(j) of {

3   New : {   NewInLis (j)

4   Dis$_i^j$ ⟵—— Distance (Node$_i$, Node$_j$)

5   Dir$_i^j$ ⟵—— Direction (Node$_i$, Node$_j$)

6   }

7   Exit : {   Delete(j)

8   }

9   Displacement : { Dis$_i^j$ ⟵—— Distance (Node$_i$, Node$_j$)

10   Dir$_i^j$ ⟵—— Direction (Node$_i$, Node$_j$)

11   }

12   }

13   }

14   else /* a current node 'i' displacement */ {

15   For (j ∈ CZ$_i$) {

16   If (j ∈ Precedent(CZ$_i$)) {

17   Dis$_i^j$ ⟵—— Distance (Node$_i$, Node$_j$)

18   Dir$_i^j$ ⟵—— Direction (Node$_i$, Node$_j$)

19   }

20   else {

21   NewInLis (j)

22          $Dis_i^j \longleftarrow Distance\ (Node_i, Node_j)$

23          $Dir_i^j \longleftarrow Direction\ (Node_i, Node_j)$

24   }

25   }

26   For $(k \in Precedent(\ CZ_i)$ and $k \notin CZ_i)$ {

27   Delete(k)

28   }

29   }

}   /* End of Change */

- *Explication de la procédure **Change***

La procédure **Change** traite les changements qui peuvent se produire dans la zone de couverture du nœud 'i'. Nous commençons par une surveillance passive de la situation c'est-à-dire on attend la production d'un nouvel événement. Deux scénarios possibles peuvent survenir :

Le premier scénario :

Si on remarque que le nœud 'i' n'a effectué aucun déplacement mais on enregistre la mobilité (le déplacement) du nœud 'j'. Dans ce cas, on distingue trois cas. Le premier cas c'est que le nœud 'j' est un nouveau nœud dans la zone de couverture du nœud 'i', ce qui implique qu'on doit faire une nouvelle insertion du nœud 'j' dans la liste *NewInLis* puis, on effectue un calcul de la direction (si nécessaire) et de la distance qui sépare 'i' de 'j' (les lignes 3-5).

Le deuxième cas c'est que le nœud 'j' est un ancien nœud dans la zone de couverture du nœud 'i' qui a effectué un déplacement vers une zone en dehors de la portée du nœud 'i', dans ce cas, on supprime le nœud 'j' de la liste *NewInLis* (ligne 7). Le troisième cas, c'est la mobilité d'un ancien nœud 'j' qui est à la portée du nœud 'i' mais cette mobilité est toujours dans la zone de couverture du nœud 'i' alors, on doit effectuer une mise à jour de la distance et de la direction (si nécessaire) entre 'i' et 'j'(lignes 9-10).

Le deuxième scénario :

C'est le déplacement du nœud 'i'. Dans ce scénario, il est nécessaire de réévaluer la nouvelle zone de couverture du nœud 'i'. Par conséquent, pour chaque nœud qui apparaît dans la nouvelle zone de couverture et qui était à priori dans la zone précédente dans ce cas, on modifie la distance et la direction (si nécessaire) car nous sommes devons de nouvelles valeurs (ligne 17-18).

Cependant, pour les nœuds qui sont nouveaux dans la zone de couverture de 'i', ils doivent être insérés dans la liste *NewInLis* avec leurs distances et leurs directions (si nécessaire) (ligne 21-23). De plus, pour les nœuds qu'ils étaient dans la zone de couverture précédente mais ils n'apparaissent plus à la nouvelle zone dans ce cas, ils doivent être éliminés de la liste *NewInLis* (ligne 27).

On remarque que les informations rassemblées dans la table de la découverte concernent les nœuds qui sont en liaisons directes et en liaisons indirectes avec le nœud 'i'.

4.4 Apports du système d'abeilles

Le système d'abeilles est un nouveau système adéquat aux problèmes de type routage dans un contexte complexe, adaptatif, auto-organisationnel dont un comportement global est émergent. Pour la découverte auto-organisationnelle de la topologie dans un réseau mobile ad hoc, le système d'abeilles offre plusieurs qualités équivalentes aux défis levés par ce type de réseau. Nous citons ici, ces différents apports.

- *Emergence d'un comportement global à partir de règles locales*

Ce type de réseau a besoin d'une méthodologie de résolution synthétique et constructive en débutant par un niveau local (microscopique) pour arriver à une solution émergente (macroscopique). Pour notre problématique, nous avons commencé par la structure locale d'un nœud, qui rassemble une partialité d'informations concernant le réseau entier et à la fin, nous avons abouti à une découverte globale du réseau entier.

- *Coordination implicite entre les nœuds*

Dans le système d'abeilles, il n'existe aucune coordination explicite entre les nœuds. Cette propriété confirme la nature d'un réseau mobile ad hoc qui ne possède aucun contrôle central. De plus, on profite d'une coordination implicite entre les nœuds. Elle est assurée par l'échange de données entre les voisins et les nœuds qui ont des zones de couverture en intersection.

- *Minimisation des Informations sur l'état du réseau*

Selon la spécification formelle, on remarque que chaque nœud doit rassembler les informations sur tous les nœuds qui sont à sa portée et qui sont en liaisons indirectes avec lui. Par opposition, on doit supprimer les informations qui concernent les anciennes liaisons (directes ou indirectes) de la table de découverte. Cette suppression minimise les informations résidentes dans le réseau.

- *Adaptation dynamiquement à l'environnement*

Le réseau mobile ad hoc est un réseau très dynamique et toutes ses entités sont mobiles. Pour la découverte de la topologie, notre système prend en charge cette mobilité. On recalcule la topologie dès qu'il arrive n'importe quel changement local (pénétration d'un nouveau nœud, mobilité, destruction etc.). Cette adaptabilité n'est pas proactive, mais elle est réactive aux changements possibles. Ce qui réduit le problème d'inondation.

- *Robustesse*

Le mécanisme du système d'abeilles rend le réseau robuste car un changement local ne doit entraîner qu'une modification locale. Dans le cas où un nœud tombe en panne ou bien quitte le réseau, la transmission reste opérationnelle. Ce mécanisme montre l'absence d'une hiérarchie centralisé (inconvénient des dorsales et des clusters), ce qui va permettre une réaction locale en conduisant vers une stabilité et une robustesse du réseau entier.

- *Minimisation des paquets de contrôle (moins de surcharge et de congestion)*

Nous avons vu qu'il y a deux types de transmissions de données de découverte (paquets de contrôle) ; le premier concerne les nœuds proches et le second concerne les nœuds distants. Pour les nœuds proche il y une diffusion de données lors des transmissions car le nœud émetteur ne possède pas d'informations concernant la direction. Ceci lui oblige de transmettre en mode diffusion (broadcasting) au lieu de transmettre en mode point à point. Dans ce dernier mode, on remarque qu'il y a une minimisation en termes de paquets de découverte (paquets de contrôle) ce qui rend le réseau moins surchargé avec moins de congestion. Par conséquent, il y a moins de retard pour communiquer et pour transmettre les données utiles (paquets de données).

4.5   Conclusion

Dans ce chapitre nous avons présenté le système proposé « système d'abeilles » pour la découverte de la topologie dans les réseaux mobiles ad hoc. Nous avons commencé par une description de la thématique de la découverte au sein des MANETs. Par la suite nous avons présenté en détail le système d'abeilles en décrivant la source de l'inspiration ; c'est la communication entre les abeilles par les danses. Ensuite, nous avons effectué une projection sur les réseaux mobiles ad hoc de manière informelle puis, sous forme de spécification. À la fin du chapitre, nous avons mentionné les apports apportés par le système d'abeilles sur la découverte de la topologie.

Cinquième chapitre

Simulations et résultats

Chapitre 5

Simulations et résultats

5.1 Introduction

Après avoir présenter la problématique de la découverte auto-organisationnelle de la topologie dans les réseaux mobiles ad hoc dans le troisième chapitre, et après une illustration détaillée du système d'abeilles dans le chapitre quatre, nous proposons dans le présent chapitre deux simulations du système d'abeilles. Pour la première, nous utilisons le simulateur NetLogo version 3.1.3 [Wil99] pour résoudre le problème de la découverte auto-organisationnelle de la topologie dans un réseau mobile ad hoc en tant que système complexe (Projet : BeeSimAdHoc). Par la suite, nous proposons une deuxième simulation par le simulateur des réseaux NS2 version 2.34 pour montrer l'efficacité du système proposé en tant que protocole de routage dans sa première étape en le comparant aux protocoles de routage de référence dans ce contexte (Projet : BeeManet). Pour cela, nous divisons ce chapitre en deux sous chapitres où chacun est consacré à une simulation.

5.2 Simulation du système d'abeilles par NetLogo

5.2.1 Objectifs

Dans cette première simulation, nous démontrons que le système proposé mène vers une découverte de la topologie du réseau entier pour chaque nœud. De plus, nous montrons que cette découverte est exercée selon les principes et les propriétés des systèmes complexes : elle est auto-organisationnelle, et selon un processus par émergence en obtenant une structure globale à partir des interactions aux niveaux locaux. Un autre objectif très important, c'est de démonter que le système d'abeilles est basé sur le processus d'échange d'informations (paquets de contrôle pour la découverte) qui est stochastique (non exhaustive) tel que le phénomène naturel de la découverte chez les abeilles mais qui s'achève à une découverte entière de la topologie du MANET, optimale et donc réaliste et moins coûteuse.

5.2.2 Pourquoi simuler par NetLogo ?

Les réseaux mobiles ad hoc sont considérés comme des systèmes complexes caractérisés par une forte dynamique et une auto-organisation. Afin de démonter que ce type de réseau puisse émerger un comportement global (une connaissance de la globalité du réseau au profit de chaque nœud), nous avons choisi le simulateur NetLogo.

NetLogo est un environnement de modélisation programmable utilisé pour simuler les phénomènes naturels et sociaux. Il a été conçu par Uri Wilensky en 1999 (université Northwestern, Evanston, Illinois, USA). Ce simulateur est en développement continu au centre de l'apprentissage connecté et de modélisation à base d'ordinateur (CCLCBM) *Center for Connected Learning and Computer-Based Modeling*.

NetLogo est en particulier très adéquat pour simuler les systèmes complexes qui se développent avec le temps. Les modélisateurs peuvent donner des instructions à des centaines d'*agents* de NetLogo qui sont indépendants et qui fonctionnent en concurrence. Ceci permet la possibilité d'explorer les connexions entre les comportements des individus (niveau microscopique) afin d'émerger un comportement global (niveau macroscopique).

Les grandes spécificités de NetLogo sont :

* un simulateur entièrement programmable,

* il utilise des agents mobiles qui se déplacent dans une grille d'agents stationnaires,

* il utilise des liens qui peuvent être créés entre les agents afin de permettre la mise en place d'un réseau,

* un nombre illimité d'agents et de variables peut être utilisé dans la simulation,

* un large vocabulaire utilisé pour un langage programmable de primitive,

* NetLogo est un simulateur des systèmes dynamiques donc complexes.

Avec l'approche à base d'agents, on peut programmer le comportement des agents individuellement puis, NetLogo montre ce que peut émerger à partir de leurs interactions. Avec un modélisateur de système dynamique, on ne programme pas le comportement de différents agents. C'est ainsi qu'il faut programmer juste comment la population des agents se comporte dans l'ensemble.

5.2.3 L'environnement de simulation

L'univers où se déroule la simulation est un environnement spatial qui représente un réseau sans fil et mobile. Cet environnement est formé de cellules appelées dans NetLogo (Patch). Nous avons simulé dans un espace de 1200 × 1200 unités où le nœud peut se déplacer librement. Nous notons qu'une unité peut prendre une valeur mesurée en mètres. Pour les réseaux mobiles ad hoc une unité varie entre 1 mètre (distance parcourue par un piéton à chaque pas ou à chaque seconde) et 20 mètres (distance parcourue par un véhicule à chaque pas ou à chaque seconde). Dans notre simulation, nous considérons une valeur moyenne où une (01) unité vaut 5 mètres.

5.2.4 Le modèle de conception proposé pour la simulation

Le réseau mobile ad hoc est modélisé par la création de ses nœuds et de son environnement. Nous présentons d'abord les nœuds, leur structure, leurs compétences, leurs capacités et leur organisation. Nous décrions ensuite l'environnement où les nœuds doivent se déplacer et s'évoluer. Enfin, nous présentons les interactions entre un nœud et ses nœuds voisins puis les interactions entre un nœud et son environnement (interactions indirectes).

5.2.5 Les nœuds et leur organisation

Pour notre simulation, nous utilisons 100 nœuds qui sont distribués sur l'environnement d'expérimentation de façon arbitraire et aléatoire. Chaque nœud est représenté par un agent de NetLogo (Turtle). Il est créé au début de la simulation dans un emplacement aléatoire.

5.2.5.1 Structure d'un nœud

La structure globale de données d'un nœud contient les variables suivantes :

• RTR_i : (Radio Transmission Range) c'est la portée du nœud 'i' représentée par un rayon qui peut être atteint par les ondes radio du nœud. Ce rayon n'est pas forcément le même pour tous les nœuds. Dans notre simulation, le rayon de transmission radio est choisi d'une manière aléatoire, à condition qu'il ne soit pas inférieur à un seuil donné (*threshold_min*) dont nous chercherons sa valeur minimale possible pour une meilleure découverte.

RTR_i = *threshold_min + random_value (cette dernière est entre 0 et n)*

n est spécifiée lors de la simulation entre 0 et 15 unités. Ceci à pour but de permettre l'hétérogénéité des nœuds.

• CZ_i : c'est la table de découverte du nœud 'i'. Elle contient les nœuds qui sont en liaisons directes et en liaisons indirectes avec le nœud 'i'. Pour chacun en liaison avec le nœud 'i', CZ réserve un enregistrement dynamique. Il contient l'identifiant du nœud découvert, son adresse, sa distance par rapport à 'i' et sa direction s'il est très éloigné.

- Dis_i^j : est une variable qui appartient à l'enregistrement consacré à un nœud 'j' qui est en liaison avec le nœud 'i', dans la table de découverte. Cette variable représente la distance entre le nœud 'i' et le nœud 'j'. Elle est calculée d'une manière automatique (voir chapitre quatre).

- Dir_i^j : est une variable qui appartient aussi à l'enregistrement consacré à un nœud 'j' qui est en liaison avec le nœud 'i', dans la table de découverte. Cette variable représente la direction sous forme d'un angle entre le nœud 'j' et le nord dont le nœud 'i' est le centre le l'angle. Le nord est estimé par une boussole située au niveau local. La direction est calculée seulement pour les nœuds distants (voir chapitre quatre).

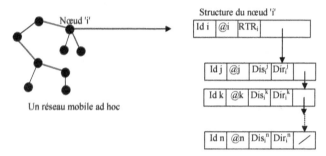

Figure 5.1 : La structure d'un nœud dans un MANET

5.2.5.2 Compétences d'un nœud

Au début, chaque nœud commence ses activités en initialisant la structure du nœud. Donc, nous fixons RTR_i. Par la suite, le nœud remplit sa table de découverte en cherchant les nœuds qui sont à sa portée (en liaison directe). Il enregistre la direction et la distance pour tout nœud découvert au-delà d'un seuil fixé par le nœud courant cependant, il enregistre seulement la distance pour ceux qui sont au-dessous du seuil. De plus, le nœud courant exerce des interactions avec les nœuds qui sont à sa portée pour échanger les données sur les nœuds qui sont hors sa portée (ces données représentent les liaisons indirectes).

La simulation est exécutée pendant 100 itérations. À chaque itération, le nœud peut se déplacer arbitrairement d'un pas. Il choisit sa direction sans aucune orientation centrale (un choix aléatoire).

Chaque nœud est très sensible aux nouveautés qui peuvent survenues dans sa propre zone de couverture (réactivité). Dans ce cas, il actualise sa table de découverte et recalcule les différentes nouvelles valeurs de distances et de directions (si nécessaire). Le nœud peut tomber en panne d'énergie ou à cause d'une raison externe.

5.2.5.3 Les interactions

Un nœud est en interaction avec les autres nœuds du réseau. Nous citons deux types d'interactions. Le premier type représente les interactions constructives qui aide à la découverte de la topologie ; il s'agit des paquets de découverte (paquets de contrôle). Le deuxième type représente la communication de paquets de données.

5.2.6 Modélisation

Nous proposons cette modélisation réalisée par notre simulation en utilisant le simulateur NetLogo par le schéma suivant. La figure 5.2, présente un réseau mobile ad hoc qui contient trois nœuds. Ces nœuds sont hétérogènes ; ils possèdent des zones de couvertures différentes. Le nœud '1' et le nœud '2' sont en liaison directe aussi, le nœud '1' et le nœud '3' car les zones de couverture sont en intersection. Par contre, les zones de couverture des nœuds '2' et '3' sont indépendantes. On remarque que le nœud '2' peut être en liaison avec le nœud '3' mais par le biais du nœud '1'. C'est une liaison indirecte.

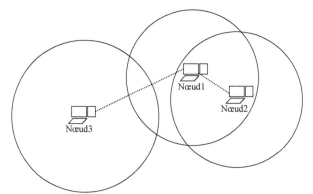

Figure 5.2 : Modélisation d'un réseau mobile ad hoc par le
simulateur NetLogo (Projet: BeeSimAdHoc)

72

5.2.7 Déroulement de la simulation

La simulation a été réalisée pour cent (100) nœuds. Pour bien illustrer le déroulement de la simulation, nous expliquerons un exemple sur trois nœuds parmi les cent nœuds utilisés.

• *Initialisation*

C'est la création des nœuds dans l'environnement de simulation d'une manière aléatoire. Le choix de rayons de zones de couverture est différent entre les nœuds. Il est aussi choisi arbitrairement (figure 5.3).

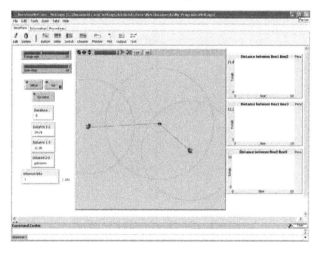

Figure 5.3 : Initialisation de la simulation
(Projet: BeeSimAdHoc)

• *Itérations*

La simulation est exécutée pendant 100 itérations. À chaque itération, chaque nœud est libre de se déplacer d'un pas vers une direction aléatoire (il fait son choix tout seul). Pendant, les itérations (la mobilité des nœuds), le réseau est auto-organisationnel. Chaque nœud cherche ses voisins directs en échangent avec eux des informations sur les autres nœuds. Concrètement, il remplit sa table de découverte par de nouvelles données. La figure 5.4, illustre une découverte d'une liaison indirecte que nous avons obtenu par la simulation en NetLogo. Tous les nœuds sont représentés graphiquement par des abeilles et leurs zones de couverture. Les liaisons (nœud '1' – nœud '2') et (nœud '1' – nœud '3') sont colorées en rouge. Ce sont des liaisons directes, cependant, la liaison (nœud '2' – nœud '3') est colorée en vert en exprimant une liaison indirecte.

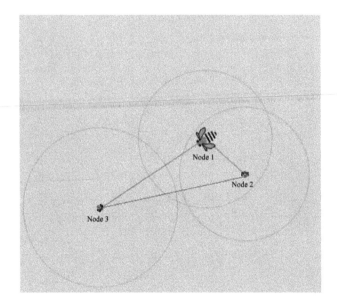

Figure 5.4: Découverte d'une liaison indirecte
(Projet: BeeSimAdHoc)

5.2.8 Résultats obtenus

Nous rappelons que l'objectif de la simulation est de démontrer que le système d'abeilles permet à tous les nœuds de découvrir la totalité de la topologie du MANET d'une manière auto-organisationnelle en respectant les propriétés de ce type de réseau et dans le cadre des paradigmes d'un système complexe.

Les simulations se font en fonction de la valeur du rayon de la zone de couverture d'un nœud. Nous avons effectué dix tests de simulations pour trois valeurs minimales différentes du rayon : 10 unités, 20 unités et 25 unités. Dans chacun de ces cas, un nœud possèdera une valeur aléatoire du rayon comprise entre la valeur minimale précédente et 15 unités de plus. Nous avons obtenu les résultats suivants [Bit08] :

- Première valeur du rayon de la zone de couverture d'un nœud :

Pour chacun des 100 nœuds possédant une moyenne de portée comprise entre 10 et 25 unités, nous avons obtenu seulement 10 % de liaisons entres les nœuds. Autrement dit, un nœud quelconque possède 10 % d'informations sur la topologie du réseau. De plus, toutes ces liaisons (les 10 %) sont des liaisons directes. Il n'existe aucune information sur les nœuds hors portée du nœud en question.

- Deuxième valeur du rayon de la zone de couverture d'un nœud :

Pour une moyenne de portée comprise entre 20 et 35 unités (RTR rayon de transmission radio), chaque nœud est capable de connaître 90 % de liaisons. C'est-à-dire, il découvre 90 % de la totalité de la topologie du réseau. Parmi ces liaisons, il y en a 84 % qui sont directes et 16 % qui sont indirectes. Dans ce cas, le nœud peut atteindre des informations sur les autres nœuds qui sont en dehors de sa portée.

- Troisième valeur du rayon de la zone de couverture d'un nœud :

Dans le troisième essai, et pour une moyenne de valeur du rayon de transmission radio comprise entre 25 et 40 unités. Nous remarquons que le taux de liaisons détectées par un nœud quelconque est de **100 %** [Bit08]. Le nœud découvre la totalité de la topologie de son réseau. Parmi ces liaisons, nous avons trouvé 85 % qui sont des liaisons directes et 15 % qui sont des liaisons indirectes. Ceci confirme la capacité d'un nœud de découvrir une information globale (la topologie d'un réseau mobile ad hoc) à partit d'une information locale (les voisins directs du nœud).

Le tableau suivant rassemble les résultats obtenus après la simulation :

La valeur moyenne du rayon de transmission radio pour un nœud quelconque	Le taux moyen des connexions découvertes entre le nœud courant et les autres nœuds	Connexions directes	Connexions indirectes
10	**10 %**	100 %	0 %
20	**90 %**	84 %	16 %
25	**<u>100%</u>**	85 %	15 %

Tableau 5.1 : Résultats de la simulation

5.2.9 Discussion

Dans la simulation de la découverte auto-organisationnelle de la topologie d'un réseau mobile ad hoc par le simulateur (NetLogo), les résultats sont plutôt satisfaisants. Chaque nœud est capable d'obtenir sa propre vision globale sur le réseau entier. Il découvre la topologie, par un mécanisme auto-organisationnel, c'est-à-dire sans aucune administration centralisée.

Pour un rayon de moyen de transmission radio de 20 jusqu'aux 35 unités, un nœud peut découvrir 90 % de la topologie du réseau, mais 84 % sont en liaisons directes et 16 % sont en liaisons indirectes. Pour un rayon de 25 jusqu'aux 40 unités, un nœud peut connaître à 100 % la topologie du réseau. Parmi les nœuds découverts, 85 % sont en liaisons directes et 15% sont en liaisons indirectes. Nous concluons que : le système d'abeilles conduit chaque nœud d'un MANET vers une découverte auto-organisationnelle et par émergence de la topologie du réseau entier. Concrètement, la table de la découverte qui peut être utilisée comme une table de routage peut contenir toutes les routes vers les nœuds qui sont à la portée du nœud en question et les nœuds qui sont en dehors de sa portée.

- *Avantages obtenus par la simulation du système d'abeilles*

A. *Emergence d'une topologie globale à partir d'une vision locale,*

B. *Coordination implicite entre les nœuds,*

C. *Minimisation des informations sur l'état du réseau,*

D. *Auto-organisation et adaptabilité aux nouveautés,*

E. *Robustesse et économie d'énergie (pas d'hiérarchie et pas de calcul de direction pour les nœuds proche),*

F. *Minimisation de la congestion (le système d'abeilles est un processus réactif).*

5.3 Simulation du système d'abeilles par NS2

Dans cette partie, nous effectuons une simulation du système d'abeilles par le simulateur NS2. Nous avons développé un protocole de routage appelé (BeeManet) considéré comme l'implémentation du système d'abeilles sous NS2.

5.3.1 Objectifs et motivations de la simulation par NS2

Le but principal de cette deuxième simulation est de montrer l'efficacité du système d'abeilles en tant que protocole de routage basé sur le principe de la découverte stochastique et auto-organisationnelle de routes démontrée par la première simulation. Pour cela, nous comparons BeeManet avec deux protocoles de routage de référence dans les MANETs : AODV et DSR. Ces comparaisons vont être prises pour les métriques de routage suivantes : le taux de paquets délivrés (Packet Delivery Ratio), la surcharge normalisée du réseau (Normaized Overhead Load), le délai moyen de bout en bout (Average end-to-end Delay) et le débit de paquets délivrés (Throughput).

5.3.2 Protocole de routage BeeManet

Nous rappelons que le MANET est un ensemble de nœuds : le nœud source (la ruche), le nœud destinataire (l'abeille sur la source de nourriture) et les nœuds intermédiaires (les autres abeilles dans la région). Chaque nœud possède sa propre table de routage (toutes les routes découvertes). BeeManet suit les étapes suivantes :

Etape 01 : Recherche de la nourriture (de la ruche vers la nourriture inconnue -figure 5.5-)

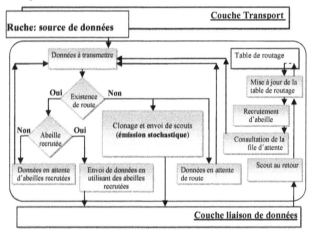

Figure 5.5: Découverte de la topologie : niveau nœud source (la ruche)
(Projet: BeeManet)

Si le nœud source (la ruche) veut effectuer une transmission vers un nœud destinataire (recherche de nourriture), il consulte sa propre table de routage. S'il ne trouve pas la route alors il envoie une abeille clonée –scout– (plusieurs exemplaires représentent le même paquet de contrôle) pour découvrir la route. L'abeille Scout est représentée par un paquet de contrôle. Ici, on n'exerce pas une diffusion (pas de broadcasting) mais juste une émission stochastique vers des directions de manière probabiliste ; il s'agit d'une émission vers un pourcentage de voisins (stochastique). Nous avons démontré que ce traitement stochastique peut émerger une découverte totale de la topologie du réseau. Donc, on peut minimiser le nombre de paquets de contrôle dans cette phase. C'est le point fort de notre système. L'abeille Scout (le paquet de contrôle) enregistre l'identifiant du scout (Scout id), du nœud source (Beehive id), du nœud destination (Food id), un numéro de séquence (SeqNo) qui identifie cette mission, un tampon (Stamp) qui indique le démarrage de phase recherche et un flag (Flag) pour indiquer qu'on est en phase : route inconnue (figure 5.6).

Scout Id	Beehive Id	Food Id	SeqNo	Stamp	Flag

Figure 5.6: Format d'un paquet de contrôle « Scout »
(Projet: BeeManet)

Etape 02 : Rencontre d'une autre abeille lors de la recherche (figure 5.7)

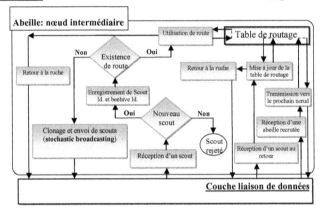

Figure 5.7: Découverte de la topologie : niveau nœud intermédiaire
(une abeille) (Projet: BeeManet)

L'abeille Scout pourrait atteindre une autre abeille qui appartient à sa portée. Si l'abeille rencontrée ne connait pas le chemin vers la destination, un clonage de l'abeille Scout est effectué. Ensuite, on envoie ces exemplaires de manière probabiliste et non en mode diffusion vers les autres nœuds à la portée de l'abeille rencontrée et ainsi de suite. Nous notons que l'abeille Scout enregistre son chemin parcouru pour l'utiliser à son retour. Chaque fois qu'elle rencontre une abeille, elle laisse une trace dans la table de routage du nœud visité : l'identifiant du nœud source (la ruche), l'identifiant du nœud destination (source de nourriture), nombre de sauts (nombre d'abeilles déjà rencontrées), le nœud précédent (la dernière abeille rencontrée), un numéro de séquence pour la nouveauté de la requête et un flag pour indiquer qu'on est en phase : route inconnue.

Si l'abeille rencontrée connaît la route ou bien elle représente la source de nourriture (la destination) alors, celle qui connaisse la route effectue une série de danses pour transmettre les informations sur l'itinéraire vers la source de nourriture en recrutant des abeilles pour cette tâche (paquets de données). Dans les deux cas, l'abeille Scout prendra la route inverse vers la ruche après l'accomplissement de sa mission.

Etape 03 : Retour vers la ruche (après la découverte de la route -figure5.8-)

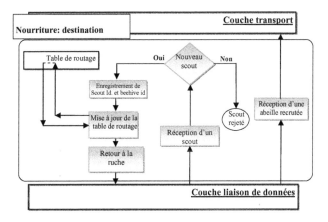

Figure 5.8: Découverte de la topologie : niveau destination (la nourriture)
(Projet: BeeManet)

Après avoir atteindre la route vers la nourriture (destination), l'abeille Scout retourne à la ruche dans le but de recruter d'autres abeilles pour récolter le nectar (transmission des paquets de données). Elle prendra le chemin inverse qui a été enregistré par l'abeille au niveau de chaque nœud intermédiaire à l'étape 2. Chaque fois que l'abeille Scout passe par un nœud, elle enregistre de nouvelles les informations dans la table de routage du nœud visité: l'identifiant du nœud suivant, le nombre de sauts entre le nœud courant et la destination, un numéro de séquence pour la nouveauté de la route découverte et un flag pour indiquer qu'on est en phase : route trouvée.

5.3.3 Environnement, scenarios et paramètres de la simulation

Le système d'exploitation Linux distribution Ubuntu 9.10 et le simulateur de réseau (NS2.34) ont été utilisés pour simuler BeeManet. Le réseau simulé est composé de 50 nœuds répartis de façon aléatoire dans une superficie de 1000x1000 mètres carrés pour une période de 500 secondes. Nous avons utilisé 25 nœuds sources et 25 nœuds destinations. Le nœud se déplace de façon aléatoire à l'aide d'un pseudo générateur de nombres aléatoires à trois différentes vitesses uniformes allant de 1 à 5 m/s, 1 à 10 m/s et de 1 à 20 m/s. Chaque nœud choisit sa destination de manière au hasard, puis il se déplace. Lorsque le nœud arrive à la destination, il s'arrête pour un temps de pause qui est choisi au hasard (environ 10 secondes). Pour la recherche de route qui est en mode multidiffusion limité (appelé ici stochastique) et qui n'est pas en mode diffusion, le nœud envoie sa requête à 80% des nœuds qui son à sa portée (c'est l'effet stochastique de la découverte). Pour chaque vitesse, nous avons effectué 5 séries de simulation pour plus de précision des résultats.

5.3.4 Métriques

Pour analyser les performances de notre protocole de routage par rapport aux protocoles d'AODV et DSR, nous utilisons quatre mesures d'évaluation :

5.3.4.1 Délai moyen de bout en bout (Average end-to-end delay)

C'est le temps moyen nécessaire pour acheminer un paquet de données de sa source à sa la destination. Il est mesuré en secondes. Ce paramètre est calculé par la différence entre l'instant de réception du paquet au niveau du nœud destinataire l'instant de sa génération par le nœud source. Cela inclut tous les retards éventuels causés au cours du processus de la découverte de la route (temps d'attente à la file d'attente, les retards de retransmission à la couche MAC, la propagation et les temps de transfert) [Alm06].

5.3.4.2 Débit de paquets délivrés (Throughput)

C'est le nombre total de paquets livrés avec succès divisé par la durée totale de la délivrance [Alm06]. Il est mesuré en KiloBits par seconde.

5.3.4.3 Taux de paquets délivrés (Packet Delivery Ratio)

C'est une métrique utilisée pour évaluer la capacité d'un protocole de routage à trouver le bon chemin entre la source et la destination ainsi que l'assurance de la bonne livraison des paquets. C'est le rapport entre le nombre de paquets reçus et le nombre de paquets envoyés. Il précise les taux de perte de paquets, ce qui limite le débit maximum du réseau [Sar05].

5.3.4.4 Surcharge normalisée du réseau (Normalized Overhead Load)

C'est le nombre total de paquets de routage (de contrôle) divisé par le nombre total de paquets de données [Alm06]. Ce paramètre offre une indication sur la bande passante consommée pour les paquets de contrôle par rapport au trafic de données [Sar05].

5.3.5   Résultats obtenus et discussion

5.3.5.1 Délai moyen de bout en bout (Average end-to-end delay)

Dans la figure 5.9, on remarque que le protocole BeeManet offre les meilleurs résultats en termes de temps d'acheminement des paquets dans les trois vitesses expérimentées. AODV est très proche à BeeManet mais DSR souffre d'un grand retard pour ses transmissions. Cette métrique montre la bonne qualité des échanges de données pour le protocole proposé par rapport à AODV et DSR.

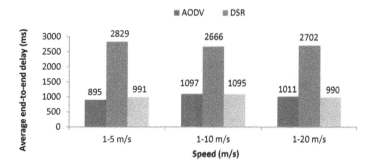

Figure 5.9: Délai moyen de bout en bout vs. vitesse
(Projet: BeeManet)

5.3.5.2 Débit de paquets délivrés (Throughput)

La figure 5.10 montre qu'en termes de débit de paquets délivrés, BeeManet offre les plus hauts débits pour les vitesses (1-5m/s et 1-10m/s) et il est très proche à AODV pour les vitesses (1-20m/s). DSR présente les débits les moins importants que les BeeManet et AODV. C'est une métrique très importante pour la rapidité des transmissions. C'est une propriété cruciale pour la qualité de la transmission dans les MANETs.

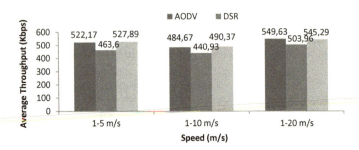

Figure 5.10: débit de paquets délivrés vs. vitesse
(Projet: BeeManet)

5.3.5.3 Taux de paquets délivrés (Packet Delivery Ratio)

La figure 5.11 illustre le taux de paquets délivrés en fonction de la vitesse pour les protocoles : AODV, DSR et BeeManet. On remarque que DSR atteint plus de 99% de livraison de paquets pour les différentes vitesses. On remarque aussi que BeeManet et AODV présentent presque les mêmes résultats qui tournent autour de 93%. Pour DSR, il y a moins de paquets de contrôle générés et acheminés grâce au mécanisme de cache qui empêche la génération fréquente des paquets de contrôle. Ceci implique un minimum de perte et donc un taux élevé de livraison. Par contre, AODV et BeeManet utilisent plus de paquets de contrôle se qui peut causer une perte de plus. Nous concluons que les trois protocoles offre un taux de perte de paquets acceptable où DSR est le mieux évalué.

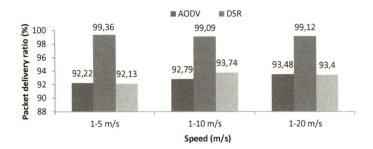

Figure 5.11: taux de paquets délivres vs. vitesse
(Projet: BeeManet)

5.3.5.4 Surcharge normalisée du réseau (Normalized Overhead Load)

La figure 5.12 montre la charge du réseau en paquets de routage nécessaire pour découvrir la route en fonction de la vitesse. C'est le DSR qui offre de bons résultats puis BeeManet et en dernier AODV. Ceci est dû pour le DSR au mécanisme de cache qui permet à un nœud de sauvegarder la route pour une longue période ce qui implique la minimisation de paquets de contrôle et alors la baisse de la charge du réseau. Pour le BeeManet, la moindre charge du réseau est une conséquence du mode broadcasting limité qui minimise le nombre de paquets de contrôle par rapport au mode broadcasting complet pour le protocole AODV.

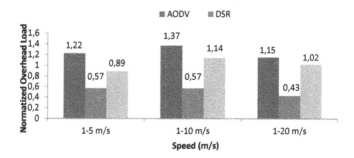

Figure 5.12: surcharge normalisée du réseau vs. vitesse
(Projet: BeeManet)

5.4 Conclusion

Dans ce chapitre nous avons effectué deux simulations pour prouver que le système proposé « système d'abeilles » permet d'un côte, la découverte auto-organisationnelle de la topologie d'un MANET. Pour cela nous avons fait simuler notre système par le simulateur des systèmes complexes NetLogo. Les résultats obtenus confirment cet objectif. D'un autre côté, nous avons utilisé le simulateur des réseaux NS2 pour montrer l'efficacité du système d'abeilles. Après la simulation et après des comparaisons avec les protocoles de références AODV et DSR en termes de métriques de qualité de transmission, nous avons abouti à une efficacité importante du protocole proposé par rapport aux autres protocoles de l'état de l'art dans ce contexte.

Conclusion générale

Conclusion générale

A. Bilan

Dans ce travail, nous avons étudié le problème de la découverte de la topologie dans les réseaux mobiles ad hoc. Ce problème a été traité par une nouvelle vision, c'est l'étude des MANETs en tant que système complexe [Bit10a].

Ce choix a été fait parce que les systèmes complexes offrent des techniques et des outils très adéquats aux réseaux mobiles ad hoc. En conséquence, les résultats vont être satisfaisants et meilleurs que la résolution en tant que systèmes simples ou linéaires. Les qualités des systèmes complexes sont la résolution par l'émergence, la propriété de l'auto-organisation, de l'adaptabilité, etc.

En premier temps, nous avons proposé une nouvelle méthodologie constructive pour concevoir un système complexe [Bit06a]. C'est une méthodologie théorique qui est composée de six phases : analyse, conception logique, validation, teste de conformité, exécution / simulation.

En deuxième lieu, et pour traiter le problème de la découverte, nous avons proposé une nouvelle approche appelée « système d'abeilles » [Bit08]. Il peut être vu comme une approche de résolution même pour d'autres problèmes de même nature.

Ce système est inspiré de la biologie des insectes. Il s'agit de la vie collective des abeilles et en particulier, le phénomène de la communication entre abeilles par les danses. Pour un réseau mobile ad hoc, nous avons considéré que le nœud source peut être représenté par la ruche, le nœud destination est vu comme la nourriture et les autres nœuds intermédiaires peuvent être représentés par des abeilles à proximité. Chaque ruche lance un scout (le nœud source) pour chercher de la nourriture (la destination) en passant par les autres abeilles (les nœuds intermédiaires). Le processus utilisé est auto-organisationnel, c'est-à-dire, il n'y a aucun contrôle central et il se réexécute dans tout changement aperçu.

Pour un nœud quelconque dans le réseau, notre méthode répartit les autres nœuds en deux groupes : les nœuds qui appartiennent à la portée du nœud source et celles qui sont très loin. Pour le premier groupe, nous distinguons deux types de nœuds : les nœuds proches et les nœuds éloignés (par rapport à un seuil défini). Pour les nœuds proches (inférieurs au seuil), le nœud calcule seulement les distances avec chaque nœud proche et utilise par conséquent le mode diffusion pour les transmissions (La direction n'est pas calculée). Cependant, pour les nœuds distants, le nœud calcule les distances et les directions. Ici, le nœud source utilise pour la transmission le mode point à point : il y a un gain important les paquets de découverte (de routage). Les interactions locales entre les nœuds ont abouti à une découverte totale de la topologie. C'est l'objectif principal visé par notre étude.

Pour cela, nous avons réalisé une simulation du système d'abeilles pour la découverte auto-organisationnelle de la topologie dans les réseaux mobiles ad hoc [Bit07]. Nous avons choisi comme simulateur NetLogo [Wil99]. La simulation nous a donné des résultats plutôt satisfaisants. C'est un environnement qui respecte les propriétés d'un réseau mobile ad hoc et qui utilise les principes des systèmes complexes afin de résoudre le problème posé. Après l'exécution de la simulation, nous avons remarqué que tous les nœuds arrivent à découvrir la topologie du réseau entier. Cette découverte est sous forme de structures de données qui collectent les informations sur les autres nœuds du réseau. Cette structure de données peut être concrétisée sous forme de table de découverte ou de table de routage au niveau de chaque nœud.

Les avantages du système d'abeilles liés à la découverte de la topologie sont :

- *Emergence d'un comportement global à partir de règles locales,*

- *Coordination implicite entre les nœuds,*

- *Minimisation des informations sur l'état du réseau,*

- *Adaptation dynamique à l'environnement,*

- *Robustesse,*

- *Minimisation de la congestion.*

Nous avons effectué également une deuxième simulation pour montrer l'efficacité du système d'abeilles en tant que protocole de routage dans sa première phase (la découverte) par rapport aux protocoles de routage de référence AODV et DSR. Cette simulation a été réalisée par le simulateur de réseaux NS2. Les résultats ont montré que le routage par le système d'abeilles est meilleur que le routage par les protocoles AODV et DSR en termes de délai d'acheminement de bout en bout et en débit de paquets délivrés (throughput) ; c'est les métriques de la qualité des transmissions. De plus, le routage est comparable à celui de AODV de point de vue surcharge du réseau (le nombre de paquets de contrôle par rapport au nombre de paquets de données) mais il est moins performant que celui de DSR d'après le nature de ce dernier (protocole de routage source qui utilise le mécanisme de cache dont il y a moins de paquets de contrôle). Pour la même raison, DSR est meilleur que BeeManet et AODV qui sont très proches en mesure de taux des paquets délivrés mais les trois proposent d'excellents résultats (plus de 93% de paquets qui arrivent correctement).

En conclusion, on peut dire que le système d'abeilles est une nouvelle méthode de découverte de topologie basée sur la recherche stochastique de routes. Nous avons montré que pour chaque nœud, il est possible d'enrichir sa table de routage par toutes les routes possibles (simulation en NetLogo). De plus, nous avons montré que notre système est très comparable aux protocoles de routage DSR et AODV pour la charge et la livraison de paquets et il est meilleur pour les délais de bout en bout et les débits qui sont des métriques très importants pour la qualité des transmissions.

B. Perspectives

La perspective la plus attendue par rapport à notre travail est de généraliser le plus possible de l'utilisation du système d'abeilles pour d'autres problèmes du même type (optimisation combinatoire et continue pour le problème de routage en télécommunication, pour les véhicules, pour les canalisations etc.) Pour les MANETs, il est attendu comme perspective d'appliquer BeeManet pour la qualité de services après l'intégration des grandeurs qui concernent la QoS telles que : délai maximum, le délit minimum etc.

Bibliographie

[Ala05]   K. Alagha, Réseaux sans fil et mobiles, Edition Hermès Lavoisier, 2005.

[Alm06]   W. Al-Maashri, and M. Ould-Khaoua, Performance analysis of MANET routing protocols in the presence of self-similar traffic. In proceedings of the 31st IEEE Conference on Local Computer Networks, Tampa, Florida, USA, 14-16, 2006.

[Ash05]   K. P. Ashwini, Fujinoki, Study of MANET routing protocols by GloMoSim Simulator. International journal of network management, 2005.

[Bar97]   Y. Bar-yam, Dynamics of complex systems, Addition-Wesley, Massachusetts, 1997.

[Beh96]   M. Behe, Darwin's Black Box: The Biochemical Challenge to Evolution, Touchstone edition, NY, USA, pp. 9, 1996.

[Ber01]   G. Bertelle, A. Cardon, J. Colloc, D. Olivier, Modeling and 88mplementation of complex system. DEA, ITA doctoral school, Rouen and le Havre universities, France, 2001.

[Bit06a] S. Bitam, M. C. Batouche, Complex system engendering, Asian Journal of Information Technology, May 2006

[Bit06b] S. Bitam, M. C. Batouche, Bees' approach for the topology management in the Mobile ad-hoc networks. Meta'06 International conference, organized by INRIA futures and LIF Laboratory, 2-4, Hammamet Tunisia, November 2006

[Bit07]   S. Bitam, M. Batouche, Bees' approach simulation for the topology management in the mobile ad hoc network using the NetLogo Simulator, SwarmFest Conference, Chicago, Illinois, USA, 2007.

[Bit08]   S. Bitam, M. Batouche, Bees' System based topology discovery for Mobile Ad-hoc network, Information Technology Journal, 2008.

[Bit10a]   S. Bitam, M. C. Batouche, and E-G. Talbi, A survey on bee colony algorithms. 24th IEEE International Parallel and Distributed Processing Symposium, NIDISC Workshop, Atlanta, Georgia, USA, 2010

[Bit10b]   S. Bitam, M. C. Batouche, and E-G. Talbi, A Bees life algorithm. 3th International conference on Metaheuristics (META'10), organized by INRIA futures and LIF Laboratory, Djerba island, Tunisia, 2010.

[Bur00]   H. Bürckert, K. Fischer, Holonic transport scheduling with Tele Truck. Applied Artificial Intelligence, 2000.

[Cha02]   R. Chandra, C. Fetzer, K. Hogstedt, Adaptive Topology Discovery in Hybrid Wireless Networks. Proceedings of Informatics, 1st International Conference on Ad-hoc Networks and Wireless, Toronto, Canada, 2002.

[Cha02]   P. Chandra, D. M. Dobkin, A. Bensky, R. Olexa, D. A. Lide and F. Dowla, Wirless networking, Elsevier Edition, 2007.

[Das03]   S. Das, C. Perkins, E. Belding-Royer, Ad hoc On-Demand Distance Vector (AODV), RFC 3561, 2003.

[Dic04]   G. DiCaro, F. Ducatelle, L. M. Gambardella, AntHocNet : An Adaptive Nature-Inspired Algorithm for routing in Mobile Ad-hoc Networks. Technical Report, IDSIA-27-04, 2004.

[Haa99]   Z. J. Haas, M. R. Pearlman, The zone routing protocol (ZRP) for Ad hoc networks, IETF MANET Draft, 1999.

[Has03]   S. Hassas, Systèmes complexes à bases de multi-agents situés, Thèse de doctorat, Université Claude Bernard Lyon1, 2003.

[Hil88]   D. Hillis, Intelligence as an emergent behavior, in the IA debate, MIT Press, 1988.

[Hu03]   Y. -C. Hu, D. B. Johnson, D. A. Maltz, The Dynamic Source Routing protocol for Ad Hoc networks (DSR), Draft, 2003.

[Jac03]   P. Jacquet, T. Clausen, Optimized Link State Routing (OLSR), RFC 3626, 2003.

[Kam91] G. Kampis, Self-modifying systems in biology and cognitive science. Pergamon Press, Oxford, England, 1991.

[Lab06] H. Labioud, Réseaux mobiles ad hoc et réseaux de capteurs, Edition Hermès Lavoisier, 2006.

[Lar06] Larousse illustré, dictionnaire de la langue française, édition libraire Larousse 2006.

[Lew04] M. Lewis, R. Ogier, F. Templin, Topology Broadcast based on Reverse-Path Forwarding (TBRPF), RFC 3684, 2004.

[Lin97] C. R. Lin, M. Gerla, Adaptive clustering for mobile wireless networks, IEEE Journal of selected area in communications, vol. 15, N°: 7, 1997.

[Mar98] Marcker, Chapter from pedagogic book on Mobile ad hoc networks principals, 1998.

[Mic86] A. Michelsen, W.H. Kirchner, B. B. Andersen, M. Lindauer, The tooting and quacking vibration signals of honeybee queens: a quantitative analysis, J. Comp. Physiol. A 158, 1986.

[Moi99] J. –L. Le Moigne, Complex system modeling, Dunod, 1999.

[Par99] V. D. Park, M. S. Corsan, Temporally-ordered routing algorithm (TORA) version I, functional specification, IETF Internet Draft, 1999.

[Per94] C. E. Perkins, P. Bhagwat, Highly dynamic destination-sequenced distance-vector routing (DSDV) for mobile computer, ACM SIGCOMM'94, 1994.

[Per97] C. E. Perkins, Ad hoc On-Demand Distance Vector (AODV), IETF MANET Draft, 1997.

[Per01] C. Perkins, Ad hoc networking, Edition Wesley, 2001.

[Pin98] D. Pines, Designing a university for the millennium: A Santa Fe institute perspective. Technical report 98-09-083, Santa Fe institute, New Mexico, USA, March 1998.

[Pre05] C. Prehofer, C. Bettstetter, Self-organization in communication networks: principles and design paragigms, IEEE communications magazine, 2005.

[Roy99]   E. M. Royer, C.-K. Toh, A review of current routing protocols for
          ad-hoc mobile wireless networks. IEEE personal
          communications,1999.

[Sar05]   R.F. Sari, A. Syarif, K. Ramli, and B. Budiardjo, Performance
          evaluation AODV routing protocol on ad hoc hybrid network
          testbed using PDAs.Networks, 2005. Jointly held with the 2005
          IEEE 7th Malaysia International Conference on Communication,
          Depok, Indonesia, 2005.

[Sch99]   A. Schoneveld, Parallel complex systems simulation, Amsterdam,
          1999.

[Sch02]   M. Schneider, Self-Stabilization, ACM Computing surveys, vol.
          25, N°: 1, 1993.

[Sia99]   R. Siamwalla, R. Sharma and S. Keshav, Discovering Internet
          topology. Cornell University, 1999.

[Slo97]   P.M.A. Sloot, A. Schonveld, J.-F. De Ronde, J. A. Koandorp,
          Large-scale simulation of complex system, Part1 conceptual
          framework, 1997.

[Sta03]   S. Staab, Neurons viscose fluids, freshwater polyp hydra and self-
          organizing information systems, IEEE Intelligent system, vol. 18,
          2003.

[Sta05]   W. Stallings, Réseaux et communication sans fil, Edition Pearson
          Education, 2ème édition, 2005.

[Tec07]   tecfa.unige.ch, 2007.

[The06]   F. Theoleyre, F. Valois, H. Labiod, Réseaux mobiles ad hoc et
          réseaux de capteurs: chapitre5, Edition Hermès Lavoisier, 2006.

[Toh99]   K. Toh, Long-lived ad hoc routing based on the concept of
          associativity, IETF Draft, 1999.

[Ube06]   S. Ubéda, Réseaux ad hoc : principes et routage, Livre de Houda
          Labiod : réseaux mobiles ad hoc et réseaux de capteur, Edition
          Hermes 2006.

[Uni07]   Universalis, www.universalis.com, Encyclopædia Universalis, 2007.

[Von67]   Von Frisch K, The dance language and orientation of bees, 2nd printing, 1993 Belknap Press, Cambridge, Mass. 1967.

[Von69]   von Frisch k, Vie et mœurs des abeilles, Edition Albin Michel, 1969.

[Wik07]   Wikipédia, www.wikipédia.com, l'encyclopédie libre, 2007.

[Wil99]   U. Wilensky, NetLogo. http://ccl.northwestern.edu/netlogo/. Center for connected learning and computer-based modeling, Northwestern University. Evanston, IL, 1999.

www.ingramcontent.com/pod-product-compliance
Lightning Source LLC
LaVergne TN
LVHW042340060326
832902LV00006B/290